Rudolf Steiner Taschenbücher
aus dem Gesamtwerk

RUDOLF STEINER

Der Christus-Impuls und die Entwicklung des Ich-Bewußtseins

Sieben Vorträge, gehalten in Berlin
zwischen dem 25. Oktober 1909 und 8. Mai 1910

RUDOLF STEINER VERLAG

Nach vom Vortragenden nicht durchgesehenen Nachschriften herausgegeben von der Rudolf Steiner Nachlassverwaltung

Ungekürzte Ausgabe nach dem gleichnamigen Band der Rudolf Steiner Gesamtausgabe Bibliographie-Nr. 116, herausgegeben von Ruth Moering und Hella Wiesberger und Urs Dietler

5. Auflage, Gesamtausgabe Dornach 2006

Taschenbuchausgabe
1. Auflage 2012

Umschlaggestaltung: Verlag, nach einer Vorlage v. Finken & Bumiller, Stuttgart
Textlayout: Finken & Bumiller, Stuttgart/Verlag
Satz: Verlag
Printed in Germany by Druckhaus Nomos, Sinzheim
ISBN 978-3-7274-7650-1
www.steinerverlag.com

INHALT

ERSTER VORTRAG

BERLIN, 25. OKTOBER 1909

Heute, gelegentlich der Generalversammlung, obliegt es mir, über eine hohe Angelegenheit der Menschheit zu sprechen. Nachdem wir uns sonst in den Vorträgen über Anthroposophie bemühen, ein mehr auf dem physischen Plan wurzelndes Fundament zu legen, darf wohl heute von höheren Welten Angehörendem gesprochen werden. Lassen Sie mich als Vorbemerkung noch einmal erwähnen, daß wir uns gewöhnen sollen auch über die höheren Angelegenheiten der Menschheit so zu sprechen, daß wir nicht zufrieden sind mit der einseitigen Angabe der Daten aus der höheren Welt, so daß etwa im allgemeinen definiert wird der Begriff der Bodhisattvas, von denen heute die Rede sein soll, und dann angegeben wird, welche Mission sie haben, sondern wir sollen uns auch hier angewöhnen, aus dem Abstrakten in das Konkrete überzugehen. Versuchen wollen wir, auch solche hohen Angelegenheiten wie die der Bodhisattvas mit den Ideen und Empfindungen zu durchdringen, die uns eigen sind aus einer gründlichen und liebevollen Betrachtung des Lebens, wodurch wir die Tatsachen nicht nur als eine Mitteilung empfangen, sondern sie auch bis zu einem gewissen Grade verstehen können. Deshalb möchte ich auch in dieser Betrachtung von unten aufsteigen und mir zum Ziele setzen, mehr als in einer schematischen Darstellung den Begriff des Bodhisattva und seinen Wandelgang durch die Welt ein wenig zu charakterisieren.

Was ein Bodhisattva ist, können wir eigentlich gar nicht verstehen, wenn wir uns nicht etwas vertiefen in den Entwicklungsgang der Menschheit und manches vor uns hintreten lassen, was wir in den aufeinanderfolgenden Jahren gehört haben. Nehmen Sie nur einmal die Tatsache, wie die Menschheit weiterschreitet. Nach der großen atlantischen Katastrophe hat die Menschheit eine Periode der alten indischen Kultur durchgemacht, wo die großen Rishis die Lehrer der Menschheit waren, dann eine Periode der urpersischen Kultur, eine Periode der ägyptisch-chaldäischen Kultur, dann die griechisch-lateinische Kulturperiode, bis hinauf in unsere Zeit, welche die fünfte Kulturperiode der nachatlantischen Zeit ist. Diese Kulturepochen haben dadurch einen Sinn, daß sie ein Weiterschreiten der Menschheit von Lebensform zu Lebensform bedeuten.

Es ist ja so, daß nicht nur dasjenige fortschreitet, was man gewöhnlich in der äußeren Geschichte schildert, sondern wenn man längere Zeiträume ins Auge faßt, wandeln und erneuern sich auch alle Empfindungen und Gefühle, alle Begriffe und Ideen im Verlaufe der Menschheitsentwicklung. Was würde es für einen Sinn haben, die Idee der Wiederverkörperung oder Reinkarnation zu vertreten, wenn man nicht wüßte, daß das so ist in der Welt? Wozu sollte eigentlich unsere Seele immer wieder in einen irdischen Leib eintreten, wenn sie nicht jedesmal Neues nicht nur zu erleben, sondern auch zu empfinden und zu fühlen hätte? Dadurch, daß auch die Fähigkeiten der Menschen, auch die Intimitäten des Seelenlebens immer wieder neue werden, sich verändern, dadurch ist es möglich, daß unsere Seele nicht nur wie auf einer Treppe hinaufsteigt von Stufe zu Stufe, sondern jedesmal ist auch für sie Gelegenheit vorhanden, von außen, durch die Verwandlung der Lebensverhältnisse unserer Erde, Neues in sich aufzunehmen. Nicht bloß durch ihre Verfehlungen, durch ihre karmischen Sünden wird unsere Seele von Inkarnation zu Inkarnation geführt; sondern weil unsere Erde in allen ihren Lebensverhältnissen sich ändert, ist es möglich, daß unsere Seele immer wieder Neues auch von außen aufnehmen kann. Daher schreitet die Seele vorwärts von Inkarnation zu Inkarnation, aber auch von Kulturzyklus zu Kulturzyklus.

Nun würde aber diese Seele nicht vorwärtsschreiten, sich nicht entwickeln können, wenn nicht jene Wesenheiten, die eine höhere Entwicklung bereits erlangt haben und also in irgendeinem Grade über die Durchschnittsentwicklung der Menschheit hinausgehen, dafür sorgen könnten, daß immer wieder Neues einfließen kann in unsere Erdenkultur, mit anderen Worten: wenn nicht große Lehrer wirkten, die durch ihre höhere Entwicklung aus den höheren Welten die Erlebnisse und Erfahrungen aufnehmen und hinuntertragen können auf den Schauplatz des irdischen Kulturlebens. Immer waren in der Zeit der Erdenentwicklung – und wir reden heute nur von der nachatlantischen Entwicklung – solche Wesenheiten vorhanden, die die Lehrer der anderen Menschheit waren, denen höhere Empfindungsquellen und Willensmöglichkeiten geöffnet sind. Wir können das Wesen solcher Lehrer der Menschheit nur verstehen, wenn wir uns klarmachen, wie diese Menschheit selber vorschreitet.

Sie haben gestern und heute in zwei ausgezeichneten Vorträgen unseren lieben Dr. Unger über das Ich und über das Ich in seinem Verhältnis zum Nicht-Ich, in philosophischer und erkenntnistheoretischer Weise sprechen gehört. Glauben Sie nun, daß Sie dasjenige, was Sie gestern und heute durch Menschenmund, aus Menschendenken heraus gehört haben, in dieser Form hätten hören können vor etwa 2500 Jahren? Nirgends auf unserer Erde wäre eine Möglichkeit gewesen, in der Form des reinen Denkens zum Beispiel über das «Ich» zu sprechen. Nehmen wir an, es hätte sich irgendeine Individualität in unser Erdendasein verkörpern wollen vor 2500 Jahren, welche sich vor ihrer Verkörperung vorgenommen hätte, in dieser eigenartigen Form, wie Sie das gehört haben, über das Ich zu sprechen, sie hätte es nicht tun können. Denn derjenige verkennt den wirklichen Fortgang und die Verwandlungen innerhalb der Kulturentwicklung, der glauben würde, daß so etwas vor 2500 Jahren in dieser Form von Menschenmund hätte gesagt werden können. Denn um das zu ermöglichen, dazu gehört nicht allein eine Individualität, die sich vornimmt, in einen menschlichen Leib sich zu verkörpern, sondern dazu gehört noch, daß unsere Erde in ihrer Entwicklung einen menschlichen Leib hergibt, der ein so eingerichtetes Gehirn hat, daß die Wahrheiten, die in den höheren Welten in ganz anderer Art vorhanden sind, sich innerhalb dieses Gehirnes zu dem formen können, was wir «reine Gedanken» nennen. Denn diese Form, in der gestern und heute Dr. Unger über das Ich vorgetragen hat, nennen wir die Form der reinen Gedanken. Vor 2500 Jahren hätte es kein menschliches Gehirn gegeben – das wäre ganz ausgeschlossen gewesen –, welches ein Werkzeug hätte sein können, um derartige Wahrheiten in solche Gedanken herunterzuführen.

Die Wesen, die auf unsere Erde heruntersteigen wollen, müssen die menschlichen Leiber, die wiederum dieser Erdkreis selbst hervorbringt, benutzen. Aber unsere Erde hat durch die verschiedenen Kulturperioden hindurch immer andere Leiber hervorgebracht, mit immer anderen Organisationen; und erst in unserer fünften nachatlantischen Kulturperiode ist es möglich geworden, weil das Menschengeschlecht selber solche Leiber hervorbringt, in denen reine Gedanken sich bilden können, in der Form des reinen Gedankens zu sprechen. Selbst in der griechisch-lateinischen Zeit wäre eine solche erkenntnistheoretische Betrachtung noch nicht möglich gewesen, weil kein Instrument, kein Werkzeug da gewesen wäre, um diese Gedanken in einer menschenverständlichen Sprache zu formen. Das ist gerade die Aufgabe unserer fünften nachatlantischen Kulturperiode: den Menschen in bezug auf seine physische Organisation nach und nach als ein Werkzeug so zu gestalten, daß in immer reineren Gedanken auch diejenigen Wahrheiten herunterfließen können, die zu anderen Zeiten in ganz andere Formen als in die Form des reinen Gedankens gefaßt wurden.

Nehmen wir ein anderes Beispiel. Wenn heute der Mensch an die Frage von Gut und Böse herantritt, wenn er dieses oder jenes tun oder nicht tun soll, dann redet er davon, daß eine Art innerer Stimme spreche, die ihm ganz unabhängig von einem äußeren Gesetz sagt: Das sollst du tun, das sollst du nicht tun! – Wer hinhorcht auf die innere Stimme, der vernimmt in ihr einen gewissen Impuls, eine Anregung, im gegebenen Fall das eine zu tun, das andere zu lassen. Wir nennen diese innere Stimme «das Gewissen». Wer nun der Ansicht ist, daß die einzelnen Zeiten der Menschheitsentwicklung sich einander doch so ähnlich sehen, der könnte nun wieder glauben, daß es ein Gewissen immer gegeben hat, so lange Menschen auf der Erde sind. Das wäre aber nicht richtig. Es läßt sich sozusagen geschichtlich nachweisen, daß einmal die Menschen angefangen haben, vom Gewissen zu reden. Diese Zeit ist mit Händen zu greifen. Sie liegt zwischen den beiden griechischen Tragikern, Äschylos, der im 6. Jahrhundert vor unserer Zeitrechnung geboren worden ist, und Euripides, der im 5. Jahrhundert geboren worden ist. Vorher werden Sie nicht finden, daß vom Gewissen die Rede ist. Auch bei Äschylos gibt es noch nicht das, was wir als innere Stimme bezeichnen, sondern bei ihm tritt noch das auf, was eine astralische Bilderscheinung für den Menschen ist: Es treten solche Erscheinungen auf, die sich als rächende Wesen heranmachen an den Menschen, Furien oder Erinnyen. Es trat eben der Zeitpunkt einmal ein, wo die astralische Wahrnehmung der Furien ersetzt wurde durch die innere Stimme des Gewissens.

Noch in der griechisch-lateinischen Zeit, in der bei einem großen Teil von Menschen das astralische dämmerhafte Wahrnehmen noch vorhanden war, konnte jemand, wenn er ein Unrecht getan hatte, wahrnehmen, wie jedes Unrecht astralische Gestalten in seiner Umgebung schaffte, die ihn für das begangene Unrecht mit Angst und Schrecken erfüllten. Das waren die Erzieher, der Impuls dazumal. Und als die Menschen die letzten Reste des astralischen Hellsehens verloren, ersetzte sich diese Anschauung durch die unsichtbare Stimme des Gewissens, das heißt, was erst draußen war, das ging hinein in die Seele und wurde da eine der Kräfte, die jetzt in der Seele sind. Das kam daher, weil sich die

Menschheit, weil sich das äußere Instrument, in das der Mensch hineinverkörpert wird, im Verlaufe der Entwicklung geändert hat. Vor fünftausend Jahren hätte niemals eine menschliche Seele die Stimme des Gewissens wahrnehmen können; wenn sie etwas Unrechtes tat, hat sie die Furien wahrgenommen. In dieser Weise lernte damals die Seele sich in ein Verhältnis zu Gut und Böse zu setzen. Dann wurde sie immer wieder verkörpert und endlich in einen Leib hineingeboren, dessen Organisation so war, daß nun die Fähigkeit des Gewissens in dieser Seele auftreten konnte. In einem zukünftigen Menschheitszyklus werden wieder andere Fähigkeiten und andere Formen des Auslebens der Seele vorhanden sein.

Ich habe schon öfter betont: Wer die Anthroposophie wirklich versteht und sich nicht auf einen dogmatischen Standpunkt stellt, der wird nicht glauben, daß die Form, in welcher Anthroposophie heute ausgesprochen wird, eine ewige sei, die so bleiben könnte für die ganze zukünftige Menschheit. Das ist nicht der Fall. Nach 2500 Jahren werden dieselben Wahrheiten nicht in diesen Formen mehr verkündet werden können, sondern in andere Formen gegossen werden, je nach dem Instrument, das dann da sein wird. Wenn Sie das berücksichtigen, werden Sie sich darüber klar sein, daß in jedem Zeitalter in einer anderen Weise zu den Menschen gesprochen werden muß, und daß auch von den großen Lehrern je nach den menschlichen Fähigkeiten in einer anderen Weise Stellung genommen werden muß. Das heißt aber, daß diese großen Lehrer der Menschheit selber Entwicklungen durchmachen müssen, von Zyklus zu Zyklus, von Lebensalter zu Lebensalter. So finden wir die Zyklen, welche die Menschheit durchmacht, und wir finden, gleichsam darüberstehend, eine fortschreitende Entwicklung der großen Lehrer der Menschheit. Und wie der Mensch gewisse Stufen durchmacht, in denen er gewissermaßen an Wendepunkte kommt, so machen auch diese großen Lehrer gewisse Stufen der Entwicklung durch, in denen sie zu Wendepunkten kommen.

Denken Sie nur an das, was schon öfter gesagt worden ist: Wir leben jetzt im fünften Zeitraum unserer nachatlantischen Kulturentwicklung. Dieser fünfte Zeitraum ist in gewisser Beziehung eine Wiederholung des dritten Zeitraumes, des ägyptisch-chaldäischen. Der sechste Zeitraum wird in gleicher Weise eine Wiederholung des urpersischen Zeitraumes sein und der siebente eine Wiederholung der altindischen Zeit. So greifen die Zyklen übereinander. Der vierte Zeitraum wird keine Wiederholung haben; er steht in der Mitte, steht sozusagen für sich da. Was bedeutet das? Es heißt, daß die Menschen dasjenige, was sie in der griechisch-lateinischen Zeit durchmachten, nur einmal in einem Kulturzeitalter durchmachen; nicht etwa, als ob sie nur einmal darinnen verkörpert wären, sondern sie machen es nur in einer Form durch. Was dagegen im ägyptisch-chaldäischen Zeitalter durchgemacht wurde, das wird in unserer Zeit wiederholt, es wird also in einer zweifachen Form durchgemacht. Also Entwicklungsstufen gibt es, die eine Art Krisis bedeuten, während andere Zeiten so sind, daß sie sich in gewisser Beziehung ähnlich sehen, sich zwar nicht in derselben Weise, aber in anderer Form doch wiederholen. Wie der Mensch sich in der nachatlantischen Zeit entwickelt, macht er gleichsam eine Anzahl von Inkarnationen durch in der indischen Zeit und eine andere Anzahl in der siebenten Kulturepoche, die einander ähnlich sehen. Ebenso ist es mit der zweiten und sechsten, und mit der dritten und fünften Epoche. Dazwischen liegt die vierte Epoche, sie wird keine Wiederholung haben, sie steht in der Mitte. Was bedeutet das? Das bedeutet, daß der Mensch diese Periode nur einmal durchmachen muß. Nicht, daß er sich nur einmal verkörpert im vierten Zeitraum, sondern daß da einige Inkarnationen liegen, die keinen anderen ähnlich sehen. Ein Absteigen und ein Aufsteigen macht so der Mensch durch. So machen auch die großen Lehrer der Menschheit ihre Entwicklung durch in einem Abstieg und in einem Aufstieg, und sie sind zu den einen Zeiten etwas durchaus anderes als zu anderen Zeiten.

Da nun die Menschen im ersten nachatlantischen Zeitraum ganz andere Fähigkeiten hatten als später, so mußten sie auch in einer ganz anderen Art unterrichtet werden. Wem ist es denn zu verdanken, daß in unserer Zeit in logisch konziser Weise die Weisheiten auch in die Form des reinen Denkens zu kleiden sind? Das ist dem Umstande zu verdanken, daß in der heutigen Zeit innerhalb der Erdenentwicklung als Durchschnittseigenschaft der Menschheit gerade die Bewußtseinsseele in der Fortentwicklung ist. Im griechisch-lateinischen Zeitalter war es die Verstandes- oder Gemütsseele, im ägyptisch-chaldäischen Zeitraum die Empfindungsseele, in der urpersischen Kultur der Empfindungsleib und im alten Indertum der Ätherleib wohlgemerkt als Kulturentwicklungsfaktor.

Was für uns die Bewußtseinsseele ist, war für den Angehörigen des Urindertums der Ätherleib. Daher hatte er eine ganz andere Art aufzufassen und zu begreifen. Wenn Sie dem Inder mit reinem Denken gekommen wären, hätte er nicht die Spur davon verstanden. Das wären für ihn Laute gewesen, die keinen Sinn gehabt hätten. Den alten Inder konnten die großen Lehrer nicht dadurch unterrichten, daß sie ihm in der Form des reinen Denkens die Dinge überlieferten, sie ihm mit dem Munde auseinandersetzten. Gesprochen wurde zum Beispiel von einem großen Lehrer im alten Indien außerordentlich wenig, denn auf der Stufe, auf der damals der Ätherleib stand, hatte man nicht die Empfänglichkeit für das Wort, das den Gedanken umfaßt. Es ist für den heutigen Menschen so schwer, sich vorzustellen, wie ein solcher Unterricht gewesen ist. Es wurde außerordentlich wenig gesprochen, und mehr an der Färbung des Lautes, mehr durch die Art und Weise, wie ein Wort gesprochen wurde, erkannte die andere Seele, was eigentlich da aus der geistigen Welt herausfließt. Aber das war nicht die Hauptsache. Das Wort war sozusagen nur das «Anschlagen», das Zeichen, daß eine Beziehung zwischen dem Lehrer und dem anderen da sein soll. Es war das Wort in den ältesten indischen Zeiten nicht viel mehr, als wenn wir mit der Glocke anläuten, um das Zeichen zu geben, daß etwas anfängt. Es war der Kristallisationspunkt, um den sich herumweben undefinierbare, feine geistige Strömungen, die vom Lehrer zum Schüler gehen. Ganz besonders aber kam es darauf an, was der Lehrer in seiner innersten Persönlichkeit war. Nicht darauf kam es an, was ein Lehrer sagte, sondern auf seine Seelenqualität; denn es ging wie eine Art von Eingebung auf den Schüler über. Weil man im besonderen den Ätherleib ausgebildet hatte, mußte man sich auch in der entsprechenden Art zu dem Ätherleib verhalten, und man verstand das Ungesprochene, das was irgendein Lehrer war, viel besser als das Gesprochene. Denn um das Gesprochene zu verstehen, mußten sich die Menschen erst durch die späteren Kulturepochen vorbereiten. Daher wäre es auch nicht notwendig gewesen, daß irgendeiner der großen Lehrer dieses alten Indiens eine besonders ausgebildete Verstandes- oder Bewußtseinsseele gehabt hätte, denn das wäre für die damalige Zeit ein ganz unbrauchbares Instrument gewesen.

Aber etwas anderes war für diese großen Lehrer notwendig: Es mußte der Lehrer in der Entwicklung seines eigenen Ätherleibes über dem anderen stehen. Wäre er auf derselben Entwicklungsstufe gestanden wie der andere, dann hätte er gar nicht auf ihn besonders wirken können, hätte ihm keine Kundschaft und Botschaft aus einer höheren Welt bringen können, keinen Impuls des Fortschrittes geben können. Es mußte in gewisser Weise dasjenige dem Menschen gebracht werden, worin er erst in der Zukunft hineinwachsen sollte. Der indische Lehrer mußte gleichsam dasjenige vorausnehmen, was die anderen erst in der persischen Kulturepoche in sich aufnehmen konnten. Was die gewöhnlichen Menschen in der persischen Epoche aufnehmen sollten durch den Empfindungsleib, das mußte er herunterbringen in den Ätherleib. Das heißt, der Ätherleib eines solchen Lehrers durfte gar nicht so wirken wie die Ätherleiber der anderen Menschen, er mußte wirken, wie der Empfindungsleib erst in der persischen Kultur gewirkt hat. Wenn ein Hellseher im heutigen Sinne vor einen großen indischen Lehrer hingetreten wäre, würde er gesagt haben: Was ist denn das für ein Ätherleib? – Denn ein solcher Ätherleib hätte ausgesehen wie später ein Astralleib in der persischen Zeit.

Aber nicht ohne weiteres konnte ein solcher Ätherleib so wirken wie ein späterer Astralleib. Das konnte nicht durch irgendeine vorausschreitende Entwicklung in der damaligen Zeit geschehen. Das war nur dadurch möglich, daß tatsächlich eine Wesenheit, die schon um eine Stufe höher war als die anderen, herunterstieg und sich in einen menschlichen Organismus verkörperte, der eigentlich nicht für sie paßte, nicht für sie taugte, in den sie nur hineinzog, um von den anderen verstanden zu werden. Sie sah äußerlich gewiß so aus wie die anderen, aber innerlich war sie etwas ganz anderes. Es war vollständiges Blendwerk und Täuschung, wenn man bei einer solchen Individualität nach dem äußeren Anschauen urteilte. Denn während bei einem gewöhnlichen Menschen das Äußere dem Inneren entspricht, widerspricht bei einem solchen Lehrer das Äußere dem Innern. So daß hier die Tatsache vorliegt, daß Sie das alte indische Volk haben und inmitten dieses altindischen Volkes eine Individualität, die für sich selber nicht nötig gehabt hätte herunterzusteigen, die aber herunterstieg bis zu einer entsprechenden Stufe, um die anderen lehren zu können. Sie stieg freiwillig herunter, verkörperte sich in Menschengestalt, war aber etwas ganz anderes.

Dadurch war sie auch wieder eine solche Individualität, welche die Schicksale, die der Mensch dadurch erlebt, daß er ein normaler Mensch ist, nichts angehen. Ein solcher Lehrer lebte in einem Leib mit einem äußeren Schicksal und hatte keinen Anteil an diesem Schicksal, er wohnte bloß in diesem Leibe drinnen wie in einem Haus. Und wenn der Leib starb, war für ihn der Tod ein ganz anderes Ereignis als für die anderen Menschen; ebenso die Geburt und die Erlebnisse zwischen Geburt und Tod. Daher arbeitete eine solche Individualität auch in ganz anderer Art in diesem menschlichen Instrument.

Stellen wir uns nun vor, wie sich eine solche Individualität zum Beispiel des Gehirns bediente. Denn wenn auch damals mit dem astralischen Leib wahrgenommen wurde, so wurde das Gehirn, das zwar anders organisiert war, doch benutzt, um die Bilder, in denen wahrgenommen wurde, wie mit einem Instrument zu bemerken. Es gab also zweierlei Menschentypen: einen Typus, der sich seines Gehirns bediente wie ein gewöhnliches Menschenwesen, und einen Typus des Lehrers, der sich seines Gehirnes gar nicht in derselben Art bediente, sondern der es in gewisser Beziehung unbenutzt ließ. Der große Lehrer hatte nicht nötig, alle Einzelheiten des Gehirnes zu benutzen. Er wußte sozusagen Dinge, die der andere erst wissen konnte, indem er das Werkzeug des Gehirns anwendete. Was so einen großen Lehrer darstellte, war also keine wirkliche, richtige Inkarnation auf der Erde, keine wirklich richtige Inkarnation eines Menschen, wie es sonst der Fall war, es war eigentlich etwas, was eine Art Doppelnatur darstellte: eine Art geistigen Wesens war in dieser Organisation drinnen. Solche Wesen gab es auch in der späteren persischen Zeit, in der ägyptischen Zeit und so weiter. Immer war es so, daß sie mit ihrer Individualität gleichsam herausragten über das Maß dieser menschlichen Organisation, nicht darinnen aufgingen. Dadurch waren sie in der Lage, in jenen älteren Zeiten auf die anderen Menschen zu wirken. Und das war der Fall bis zu jener Zeit, als im griechisch-lateinischen Zeitalter eine wichtige Krisis in der Menschheitsentwicklung eingetreten ist.

In der griechisch-lateinischen Zeit war es besonders die Verstandes- oder Gemütsseele, die nun nach und nach anfing, die inneren Fähigkeiten herauszutreiben. Während in der vorhergehenden Zeit die Hauptsache sozusagen von außen einfloß in den Menschen – wie Sie das an dem Beispiel der Furien sehen können, wo der Mensch die rächenden Gestalten um sich, nicht in sich hatte –, so tritt in der griechisch-lateinischen Zeit das ein, daß gleichsam von innen heraus etwas entgegenströmt den großen Lehrern. Dadurch waren jetzt ganz neue Verhältnisse eingetreten.

Früher waren also Wesen von den höheren Welten heruntergestiegen, hatten eine solche Lage vorgefunden, daß sie sich sagen konnten: Wir haben nicht nötig, ganz hineinzugehen in die menschliche Organisation, denn wir können so wirken wie wir sollen, wenn wir aus höheren Welten heruntertragen in die Menschen, was sie noch nicht können, und es eben in sie einfließen lassen. – Da brachten die Menschen den Lehrern noch nichts entgegen. Wenn aber die großen Lehrer diese Politik weiter getrieben hätten, dann hätte es vom vierten Zeitraum ab geschehen können, daß eine solche Individualität heruntergestiegen wäre, in irgendeiner Gegend aufgetreten wäre, aber jetzt auf der Erde etwas gefunden hätte, was es da oben gar nicht gibt. Solange man auf der Erde die Rächerinnen, die Erinnyen gesehen hatte, konnte man absehen von dem, was es auf der Erde gab. Aber nun trat unten etwas ganz Neues auf: das Gewissen. Das kannte man oben nicht, dafür gab es keine Möglichkeit, es oben zu beobachten. Das war etwas Neues, was denen, die da oben waren, entgegenkam.

Es trat also im vierten Zeitraum der nachatlantischen Kultur, mit anderen Worten, die Notwendigkeit ein, daß tatsächlich diese Lehrer bis in die Menschheitsstufe herunterstiegen und innerhalb der Menschheitsstufe selber kennenlernten, was aus der Menschenseele selbst nach oben der geistigen Welt entgegenschlägt. Jetzt fing also die Zeit an, wo es nicht mehr ging, keinen Anteil zu haben an den menschlichen Fähigkeiten. Und jetzt betrachten wir jenes eigenartige Wesen, von dem wir in seiner irdischen Inkarnation als dem Gautama Buddha sprechen.

Gautama Buddha war vorher ein Wesen, welches so leben konnte, daß es sich immer in irdische Leiber der entsprechenden Kultur-perioden verkörpern konnte, ohne Anspruch zu machen, alles in dieser menschlichen Organisation zu benutzen. Dieses

Wesen hatte es nicht nötig, wirkliche menschliche Inkarnationen durchzumachen. Jetzt tritt aber für den Bodhisattva ein wichtiger Wendepunkt ein, nämlich die Notwendigkeit, kennenzulernen alle Schicksale der menschlichen Organisation in einem irdischen Leib, in den er ganz einkehren mußte. Da gab es für ihn etwas zu erfahren, was man nur in einem irdischen Leib erfahren konnte. Und weil er eine höhere Individualität war, so genügte diese eine Verkörperung, um das wirklich zu sehen, was alles aus diesem menschlichen Leib sich herausentwickeln kann. Für die anderen Menschen lag die Sache so, daß sie jetzt die inneren Fähigkeiten durch den vierten, fünften, sechsten und siebenten Zeitraum der nachatlantischen Kulturentwicklung nach und nach zu entfalten haben. Buddha dagegen konnte in dieser einmaligen Inkarnation alles erleben, was als Entwicklungsmöglichkeit darinnen war. Was die Menschen als «Gewissen» hervortreiben werden, und was immer größer und größer werden wird, das sah er gleichsam voraus in seinem ersten Keim, als er seine Inkarnation als Gautama Buddha durchlebte. Daher konnte er gleich wieder nach dieser Inkarnation hinaufsteigen in die göttlich-geistigen Welten und brauchte nicht später noch eine zweite Inkarnation durchzumachen. Was die Menschen auf einem gewissen Gebiete in den zukünftigen Zyklen aus sich herausentwickeln werden, das konnte er in dieser einen Inkarnation wie eine große Richtkraft angeben. Das geschah durch das Ereignis, das uns angedeutet wird in dem «Sitzen unter dem Bodhibaum». Damals ging ihm auf – nach seiner besonderen Mission – die Lehre vom Mitleid und von der Liebe, die im «achtgliedrigen Pfad» enthalten ist. Diese große Menschheitsethik, welche sich die Menschen als ihr Eigentum durch die folgenden Kulturen erobern werden, ist wie eine Grundkraft hineingelegt gewesen in das Gemüt des Buddha, der damals herunterstieg und vom Bodhisattva zum Buddha wurde, das heißt, eine wirkliche, höhere Stufe durchmachte. Denn hier hat er gelernt im Heruntersteigen.

Das ist, ein wenig umschrieben, jenes große Ereignis, das in der morgenländischen Kultur bezeichnet wird als «das Buddha-Werden des Bodhisattva». Als dieser Bodhisattva, der sich früher niemals wirklich inkarniert hatte, neunundzwanzig Jahre alt war, da zuckte hinein in den Sohn des Suddhodana, da ergriff ihn vollständig die Individualität des Bodhisattva, die vorher noch nicht vollständig davon Besitz ergriffen hatte, und er erlebte die große Menschheitslehre vom Mitleid und von der Liebe. Warum hat sich dieser Bodhisattva, der dann der Buddha wurde, gerade in diesem Volke inkarniert? Warum nicht zum Beispiel innerhalb des griechisch-lateinischen Volkes?

Wenn dieser Bodhisattva wirklich der Buddha der vierten nachatlantischen Kulturperiode werden sollte, dann mußte er etwas Zukünftiges bringen. Jetzt wird der Mensch durch seine Bewußtseinsseele, wenn sie sich entwickeln wird, reif werden, nach und nach aus sich selbst das zu erkennen, was der Buddha als einen großen Anschlag gegeben hat. Es mußte der Buddha in der Zeit, wo die Menschen nur erst die Verstandes- oder Gemütsseele entwickelt hatten, schon die Bewußtseinsseele entwickelt haben. Er mußte also das physische Instrument des Gehirns so benutzen, daß er es überwältigte, in ganz anderer Weise es überwältigte als ein bis zur griechisch-lateinischen Kulturperiode vorgeschrittener Mensch. Das griechisch-lateinische Gehirn wäre für ihn zu hart gewesen. Er hätte darinnen nur die Verstandesseele ausbilden können; er mußte aber die Bewußtseinsseele ausbilden. Daher brauchte er ein Gehirn, das weicher geblieben war. Er gebrauchte die Seele, die sich später entwickeln sollte, in einem Instrument, das vorher Usus war bei der Menschheit und das sich erhalten hatte bei dem indischen Volke.

Da haben Sie auch eine Wiederholung: Der Buddha wiederholt eine Menschheitsorganisation von vorher mit einer Seelenfähigkeit von nachher. Bis zu diesem Grade sind die Dinge, die in der Menschheitsentwicklung vorgehen, notwendig. Und der Buddha hatte die Aufgabe, im 5. bis 6. Jahrhundert vor unserer Zeitrechnung die Bewußtseinsseele hineinzutauchen in die menschliche Organisation. Er konnte aber als Einzelindividualität nicht die volle Aufgabe übernehmen, er konnte nicht alles tun, damit diese Bewußtseinsseele sich vom fünften Zeitraum ab richtig ausbildet. Er hatte nur einen Teil dieser Aufgabe als seine besondere Mission, nämlich die Aufgabe, der Menschheit die Lehre vom Mitleid und von der Liebe zu bringen. Andere Aufgaben oblagen anderen, ähnlichen Lehrern der Menschheit. Die in diesem Teil beschlossene Menschheitsethik, die Ethik der Liebe und des Mitleids, wurde angeschlagen von dem Buddha, und sie vibriert weiter fort. Die Menschheit aber muß außerdem für die Zukunft eine ganze Summe anderer Fähigkeiten entwickeln, zum Beispiel in reinen Formen des Denkens zu denken, in auskristallisierten Gedanken Gedankenplastik zu treiben, einen Gedanken als reinen Gedanken zu dem andern zu setzen. Diese Fähigkeit lag nicht in der Buddha-Mission. Er sollte herausbilden, was den Menschen dazu führt, von selber den achtgliedrigen Pfad zu finden.

So mußte ein anderer Lehrer der Menschheit da sein, der ganz andere Fähigkeiten hatte und ganz andere Ströme geistigen Lebens heruntertrug aus den höheren, geistigen Welten in diese Welt hinein. Diese andere Individualität hatte die Aufgabe, dasjenige herunterzutragen, was sich heute nach und nach in der Menschheit vorzugsweise zeigt als die Fähigkeit des logischen Denkens. Es mußte auch ein Lehrer sich finden, der das herabtrug, was dazu gehört, sich in den Formen des logischen Denkens auszusprechen; denn das logische Denken hat sich auch erst im Laufe der Zeit entwickelt.

Was der Buddha geleistet hat, mußte in die Verstandes- oder Gemütsseele hineingetragen werden. Diese Verstandesseele hat dadurch, daß sie in der Mitte zwischen Empfindungsseele und Bewußtseinsseele drinnensteht, die ganz besondere Eigentümlichkeit, daß sich die Dinge nicht über Kreuz wiederholen. Wie sich der urindische Zeitraum im siebenten, der urpersische im sechsten Zeitraum wiederholen wird, und wie der vierte für sich allein dasteht, so steht auch die Verstandesseele für sich allein da. Die Kräfte für unsere intellektuellen Fähigkeiten, die erst in der Bewußtseinsseele entstehen mußten, konnten nicht in der Verstandesseele entwickelt werden, sie mußten aber gerade, obwohl sie erst später auftreten sollten, bereits früher veranlagt und angeregt werden. Mit anderen Worten: Es mußte der Impuls für das logische Denken früher gegeben werden, als der Impuls für das Gewissen durch Buddha gegeben wurde. Das Gewissen sollte hineinorganisiert werden in den vierten Zeitraum; das bewußte reine Denken sollte im fünften Zeitraum in der Bewußtseinsseele herauskommen, mußte aber schon veranlagt sein als Keim zu dem, was heute aufgeht, in der dritten Kulturperiode. Daher hatte jener andere große Lehrer die Aufgabe, der Empfindungsseele jene Kräfte einzuimpfen, welche heute als logisches Denken zum Vorschein kommen. Deshalb ist es leicht zu denken, daß der Abstand dieses Lehrers von dem Normalmenschen ein noch größerer sein mußte als der des Buddha von dem gewöhnlichen Menschen. Es sollte in der Empfindungsseele etwas angeregt werden, was im Grunde gar nicht in irgendeinem Menschen damals vorhanden war. Mit Begriffen, mit dem, was entwickelt werden sollte, konnte man gar nichts anfangen. Es hatte also jene Individualität die Aufgabe, den Keim zu legen zu gewissen Kräften, aber sie durfte oder konnte nicht diese Kräfte selber verwenden. Das ging nicht. Sie mußte daher ganz andere Kräfte verwenden.

Nun habe ich heute morgen in dem zweiten Vortrag über «Anthroposophie» auseinandergesetzt, wie allerdings zum Beispiel im Sehen in der Empfindungsseele Kräfte wirken, die eigentlich auf einer höheren Stufe erst bewußt werden und dabei als denkerische zum Vorschein kommen. Wenn es also einer solchen großen Lehrer-individualität gelingen konnte, diese Empfindungsseele so anzuregen, daß die Kräfte des Denkens in sie ungefähr ebenso hineindrangen wie denkerisches Leben auf unterbewußte Art im Sehakt, ohne daß sich der Mensch Rechenschaft darüber gibt, dann konnte diese Individualität erreichen, daß die Kräfte später auf höherer Stufe benutzt werden konnten. Das war nur durch eines möglich. Um die Empfindungsseele anzuregen, ihr sozusagen das Denkerische einzuimpfen, mußte wirklich diese Individualität damals auf eine ganz besondere Weise wirken: Sie mußte unterrichten nicht in Begriffen, sondern durch Musik! Die Musik gibt Kräfte her, welche in der Empfindungsseele dasjenige auslösen, was, wenn es ins Bewußtsein hinaufsteigt und von der Bewußtseinsseele verarbeitet wird, zum logischen Denken wird. Diese besondere Musik wirkte von einem Wesen aus, von einem gewaltigen Wesen, das so – durch Musik – unterrichtete.

Sie werden das sonderbar finden und vielleicht glauben, so etwas wäre nicht möglich. Es war aber doch so. Gerade in den Gegenden Europas war vor der griechisch-lateinischen Zeit eine uralte Kultur bei Völkern vorhanden, die in bezug auf solche Eigenschaften, die im Osten stark ausgebildet waren, zurückgeblieben waren. In diesen europäischen Gegenden konnten die Menschen, weil sie sich ganz anders entwickeln sollten, wenig denken, sie hatten wenig von dem, was Kräfte der Verstandes- oder Gemütsseele sind. Aber ihre Empfindungsseele war gerade empfänglich für das, was aus den Impulsen einer besonderen Musik, die unserer heutigen nicht ganz ähnlich war, hervorging. Da kommen wir in Europa auf eine Zeit zurück, wo eine uralte, wir können sie nennen «musikalische Kultur» vorhanden war, wo nicht nur die «Barden» die Lehrer waren wie in Zeiten, in denen diese Sache schon in Dekadenz war, sondern wo eine bezaubernde Musik durch die ganzen europäischen Gegenden ging. Es gab während der dritten Kulturperiode eine tief musikalische Kultur in Europa, und das Gemüt jener Völker, die in der Stille abwarteten, wozu sie in späteren Zeiten bestimmt waren, war in einer besonderen Art empfänglich für musikalische Wirkungen. Das waren Wirkungen auf die Empfindungsseele in ähnlicher Art, wie für das Auge die denkerische Substanz auch wieder in der Empfindungsseele wirkt. Die Empfindungsseele wurde bearbeitet, in ihr sollte Bewußtsein entstehen, das auf höherer Stufe in der Bewußtseinsseele sich als logisches Denken offenbarte. Nun kommt aber alles Bewußtsein aus den Regionen des Lichtes, ebenso Musik und Gesang. Darum hatte durch die Musik, die auf dem physischen Plan wirkte, die Empfindungsseele das unterbewußte Empfinden: Das kommt aus Regionen, wo das Licht herkommt, Musik, Gesang aus den Reichen des Lichtes!

Es war ein uralter Lehrer innerhalb der europäischen Kulturgegenden – ein uralter Lehrer, der in diesem Sinne uralter Barde war, der Anführer aller alten Bardenschaft. Er lehrte auf dem physischen Plan durch Musik, und er lehrte so, daß durch seine Wirkungen sich der Empfindungsseele etwas mitteilte, wie wenn eine Sonne aufging und leuchtete. Was sich über diesen großen Lehrer in der äußeren Tradition erhalten hat, das haben später die Griechen, die noch vom Westen her von ihm beeinflußt waren, wie sie in anderer Weise vom Osten beeinflußt waren, zusammengefaßt in ihren Anschauungen über den Apollo, der ein Sonnengott ist und zu gleicher Zeit der Gott der Musik. Diese Gestalt des Apollo führt aber zurück auf diesen großen Lehrer der Vorzeit, der in die menschliche Seele die Fähigkeit gelegt hat, welche heute als logisches Denken hervortritt.

Und ein Schüler dieses großen Lehrers der Menschheit ist ebenfalls von den Griechen genannt; ein Schüler, der allerdings auf eine ganz eigentümliche Weise Schüler wurde. Wie konnte jemand Schüler dieser Wesenheit werden? – Auf folgende Art.

Diese Wesenheit war natürlich in jenen Zeiten, in denen sie auf die geschilderte Art wirken sollte, auch so, daß sie nicht aufging in der physischen Organisation des Menschen, daß sie mehr war als das, was als physischer Mensch auf der Erde herumging. Ein Mensch mit einer gewöhnlichen Empfindungsseele hätte die musikalischen Wirkungen aufnehmen können, sie aber nicht erregen können. Eine höhere Individualität war heruntergestiegen und wie der Schein war das, was da außen lebte.

Aber in der vierten nachatlantischen Kulturperiode, im griechisch-lateinischen Zeitalter war es notwendig, daß diese Individualität nun wieder herunterstieg, sozusagen bis zur Menschlichkeitsstufe, und alle die Fähigkeiten, die im Menschen sind, benutzte. Aber obwohl sie sozusagen alle Fähigkeiten benutzte, konnte sie doch nicht ganz heruntersteigen. Denn um das zu bewirken, was ich eben geschildert habe, um diese Wirkung über Kreuz zusammenzubringen, brauchte sie Fähigkeiten, die hinausgingen über das Maß dessen, was eine menschliche Organisation im vierten nachatlantischen Zeitraum hatte. In den musikalischen Wirkungen lag ja schon alles drinnen, was in der Bewußtseinsseele ist. Das konnte aber in jener Zeit noch nicht vorhanden sein in einer Individualität, die erst für die Gemütsseele in Betracht kam. Daher mußte diese Individualität, nachdem sie in jener Gestalt verkörpert war, trotzdem wieder etwas zurückbehalten. Sie mußte sich im vierten Zeitraum so verkörpern, daß sie zwar den ganzen Menschen ausfüllte, aber der Mensch, der da lebte, hatte gleichsam doch etwas in sich, das über ihn hinausreichte. Er wußte etwas von einer geistigen Welt, das er nicht verwenden konnte. Er hatte eine Seele, die über diesen Leib hinausragte.

Es war, wenn wir es menschlich betrachten würden, etwas Tragisches, daß sich die Individualität, die als großer Lehrer in der dritten Kulturperiode gewirkt hatte, wiederverkörpern sollte in einer solchen Gestalt, die in ihrer Seele über sich selbst hinausragte und doch keine Verwendung hatte für eine über das gewöhnliche Maß hinausgehende Seelenfähigkeit. Man nennt deshalb diese Art der Verkörperung, weil das, was früher da war, sich nicht unmittelbar, sondern in einer sehr komplizierten Art verkörperte, einen «Sohn des Apollo» – einen Sohn, der das als Seele in sich trug, was man in der Mystik gewöhnlich mit dem

Symbol eines Weiblichen bezeichnet. Aber es war so in ihm vorhanden, daß er es nicht ganz haben konnte, da es in einer anderen Welt war. Das eigene Seelisch-Weibliche trug er in sich in einer andern Welt, zu der er nicht den Zugang hatte, in die er sich aber hineinsehnte, weil ein Teil seines eigenen Selbstes darinnen war. Diese wunderbare innere Tragik der wiederverkörperten großen Lehrerindividualität von früher hat der griechische Mythos in einer wunderbaren Art festgehalten bei dem Namen, den er dem wiederverkörperten Apollo oder dem «Sohn des Apollo» gegeben hat: in Orpheus.

In dem Mythos von Orpheus und Eurydike wird diese Tragik der Seele in einer wunderbaren Weise dargestellt. Eurydike wird dem Orpheus früh entrissen. Sie ist in einer anderen Welt. Orpheus steigt ins Reich der Schatten hinunter. Er hat noch die Fähigkeit, die Wesenheiten in der Unterwelt durch seine Musik zu rühren. Er erhält die Erlaubnis, Eurydike wieder mitzunehmen. Aber er darf sich nicht umschauen, denn es ist der Anblick für ihn innerlich ertötend, oder wenigstens verlustbringend, wenn er auf das zurückschaut, was er vorher gewesen ist, und was er jetzt nicht in sich aufnehmen kann.

So haben wir in dem Orpheus-Werden des Apollo wiederum eine Art Herabsteigen eines Bodhisattva, wenn wir einen orientalischen Namen anwenden wollen, der zu einem Buddha wird. Und so könnten wir eine Reihe von solchen Wesenheiten anführen, welche von Zeitalter zu Zeitalter als die großen Lehrer der Menschheit dastehen, und welche innerhalb ihres tiefsten Herabstieges, wenn sie zu einem Buddha werden, etwas ganz besonderes erleben. Der Buddha erlebt die Seligkeit, die ganze Menschheit zu inspirieren. Jener Bodhisattva, der äußerlich unter dem Namen «Apollo» erhalten ist, erlebt etwas Individuelles; er sollte ja gerade die Individualität, die Ich-Eigenschaft vorbereiten. Er erlebt die Tragik des Ich, er erlebt, daß dieses Ich nicht ganz bei sich selber ist, wie die Menschen in bezug auf diese Menschheitseigenschaft heute eben sind. Der Mensch strebt hinauf zu dem höheren Ich. Das ist vorgebildet in dem, was für Griechenland der Buddha oder Bodhisattva in entsprechender Weise in Orpheus ist.

Da sind wir aus Einzelheiten heraus zu einer Charakteristik jener großen Lehrer der Menschheit gekommen und können uns jetzt etwas vorstellen bei solchen Begriffen. Wenn Sie nun das zusammenfassen, was ich jetzt gesagt habe, so werden Sie sehen, daß ich immer von solchen Wesenheiten gesprochen habe, welche ausgebildet haben zum Beispiel die Empfindungsseele, die Verstandes- oder Gemütsseele und die Bewußtseinsseele in einer bestimmten Weise als innerliche Fähigkeiten – als Fähigkeiten, die von innen in den Menschen einziehen müssen. Wir können, weil wir nur diesen Zeitraum überblicken, zunächst nur diese zwei vor uns haben: die Ausbilder der Empfindungsseele. Aber es gibt viele solcher Wesenheiten, weil sich die Innerlichkeit des Menschen nach und nach, Stufe für Stufe, entwickelt.

Vergleichen wir jetzt mit dem, was sozusagen das Innerliche des Menschen ergreift, eine andere Wesenheit, und zwar aus dem Grunde, weil wir uns doch sagen müssen: Wenn immer Lehrer kommen, welche die steigernd sich fortentwickelnden inneren Fähigkeiten mit geistiger Nahrung aus den oberen Regionen versehen, so müssen andere Individualitäten da sein, die eine andere Arbeit verrichten, die vor allem Hand anlegen an die Veränderung der Erde selber und an dem, was sich da von Zeitalter zu Zeitalter fortentwickelt. Wenn der Buddha in der vierten Kulturepoche sozusagen die Verstandesseele durch die Bewußtseinsseele von innen ergriff, so mußte diese Verstandesseele auf der anderen Seite auch von außen ergriffen werden. Es mußte von außen etwas an sie herankommen. Diese Wesenheit mußte nun von einer anderen Seite herkommen und in einer ganz anderen Weise wirken.

Ein solcher Lehrer, wie wir ihn eben charakterisiert haben, mußte, indem er sich hinstellte vor den Menschen, hineingießen in das menschliche Innere, was er zu bringen hatte aus höheren Regionen. Lehrer war er. Was mußte die andere Wesenheit tun, welche sozusagen die Erde weiterbrachte, daß sie sich von Geschlecht zu Geschlecht entwickelte? Sie mußte nicht bloß ein Inneres ergreifen, nicht bloß an den Menschen herangehen, um in ihm diese oder jene Fähigkeiten zu entwickeln, sondern sie mußte selber als solche Wesenheit, als Wesenheit auf die Erde heruntersteigen. Da mußte nicht nur ein Lehrer für die Verstandesseele, sondern ein Former für die Verstandesseele heruntersteigen. Einer, der sie selber bildete, mußte auftreten, der sozusagen der unmittelbare Ausdruck dieser Seele des vierten Zeitraumes war, dieses ausgezeichneten Zeitraumes, der in der Mitte dasteht. Diese Wesenheit mußte von einer ganz anderen Seite kommen. Sie mußte in die menschliche Natur selber einziehen, sich da selber verkörpern. Schufen die Bodhisattvas das menschliche Innere um, dieser schuf die ganze menschliche Natur um. Er machte erst möglich, daß die Lehrer einen geeigneten Boden fanden in der Zukunft. Er gestaltete die ganze menschliche Wesenheit um.

Erinnern wir uns daran, wie sich bei der menschlichen Wesenheit die verschiedenen Seelen hineinbauen in die einzelnen Leiber: die Empfindungsseele in den Empfindungsleib, die Verstandes- oder Gemütsseele in den Ätherleib und die Bewußtseinsseele in den physischen Leib. Wo die Bewußtseinsseele sich in den physischen Leib hineinbaut, da ist die Wirkung der Bodhisattvas, da ergriffen sie den Menschen von der einen Seite. Da, wo die Verstandesseele oder Gemütsseele wirkt bis zum Ätherleib, da ergriff eine andere Wesenheit den Menschen im vierten Zeitraum von der anderen Seite. Wann tat sie das?

Das geschah in der Zeit, als ein Ätherleib des Menschen unmittelbar zu ergreifen war, als jene Wesenheit, die wir als Jesus von Nazareth genauer geschildert haben, den physischen Leib im Moment der Johannestaufe verließ. Als dieser ganze Leib untergetaucht wurde – wobei sonst dasjenige eintrat, was wir als einen

«Schock» beschrieben haben –, da senkte sich in den Ätherleib dieser Individualität hinein die Christus-Wesenheit. Das ist jene Individualität, welche von der anderen Seite kommt, die nun aber auch ganz anderer Natur ist. Während wir es bei den anderen großen Führerindividualitäten in gewisser Beziehung mit höher entwickelten Menschen zu tun haben, mit solchen Menschen, die wenigstens einmal alle Menschheitsschicksale durchgemacht haben, können wir das von der Christus-Individualität nicht sagen. Was ist das Unterste bei dieser Christus-Wesenheit? Von unten herauf ist es der Ätherleib. Das heißt, wenn einmal der Mensch durch das Geistselbst seinen ganzen astralischen Leib umgearbeitet haben wird und hineinwirken wird in den Ätherleib, dann wird er in diesem Ätherleibe in einem Element arbeiten, in dem der Christus schon dazumal auf dieselbe Weise gearbeitet hat. Der Christus gibt einen Impuls mächtigster Art, der bis in die Zukunft hineinwirkt, an den der Mensch erst kommt, wenn er an die Bearbeitung seines Ätherleibes in bewußter Weise herantritt.

Wenn der Mensch sein Leben durchwandelt, geht er von der Geburt oder auch von der Empfängnis zum Tode, dann vom Tode zu einer neuen Geburt. Auf dem Wege zur neuen Geburt macht er nach dem Tode zunächst die astralische Welt durch, dann das, was wir den unteren Teil der devachanischen Welt nennen und danach den oberen Teil der devachanischen Welt. Wenn wir europäische Ausdrücke gebrauchen, nennen wir den physischen Plan die kleine Welt oder die Welt des Verstandes, das Astralische die Welt des Elementarischen, das untere Devachan die himmlische Welt und das obere Devachan die Vernunftwelt. Und weil der europäische Geist sich erst nach und nach heraufarbeitet, um in seiner Sprache die entsprechenden wirklichen Ausdrücke zu haben, so hat dasjenige, was über der devachanischen Welt liegt, einen religiös gefärbten Ausdruck bekommen und heißt so die «Welt der Vorsehung», das ist dasselbe wie der Buddhiplan. Was darüber ist, das konnte das alte Hellsehen zwar überblicken und alte Überlieferungen konnten es der Menschheit geben, aus den europäischen Sprachen heraus konnte ihm aber kein Name gegeben werden, weil heute erst der Seher sich wieder dazu heraufarbeitet. So daß über der Welt der Vorsehung eine Welt liegt, für die es in ganz ehrlicher und richtiger Weise den Namen in den europäischen Sprachen noch nicht geben darf. Sie ist wirklich da, nur ist das Denken noch nicht so weit, um sie charakterisieren zu können; denn es kann auch nicht ein beliebiger Name gefunden werden für das, was sonst im Orientalischen «Nirwana» genannt wird und was über der «Welt der Vorsehung» liegt.

Der Mensch, sagte ich, geht hinauf zwischen dem Tode und einer neuen Geburt bis zu dem oberen Devachan oder der Vernunftwelt. Dort sieht er hinein in höhere Welten, in denen er nicht selber drinnen ist, und sieht jene über ihm stehenden Wesenheiten in diesen höheren Welten wirken. Während der Mensch sein Leben zubringt in Welten vom physischen Plan bis zum Devachanplan, ist es das Normale einer Bodhisattva-Wesenheit, daß sie bis in den Buddhiplan hinaufgeht, was wir in Europa die Welt der Vorsehung nennen. Das ist ein gutes Wort, denn es ist ihre Aufgabe, die Welt von Zeitalter zu Zeitalter mit Vorsehung zu lenken. Was tritt nun ein, wenn der Bodhisattva durch die Verkörperung – wie bei Gautama Buddha – durchgegangen ist?

Wenn er eine gewisse Stufe erreicht hat, gelangt er hinauf zum nächsten Plan, zum Nirwanaplan. Da hat er seine nächste Sphäre. Damit haben wir charakterisiert die Bodhisattvas, die dann die Buddhas werden, um in den Nirwanaplan hineinzugehen. Alles was am menschlichen Innern so arbeitet, in das Innere hinein, das lebt in einer Sphäre, die hinaufreicht bis zum Nirwanaplan. Von der anderen Seite her wirkt in die menschliche Natur hinein eine Wesenheit wie der Christus. Von der anderen Seite her wirkt er auch in jene Welten hinein, in welche die Bodhisattvas hinaufsteigen, wenn sie die Region der Menschheit verlassen, um selber zu lernen, damit sie dann Lehrer werden können in der

Menschheit. Da tritt ihnen von oben, von der anderen Seite her, eine solche Wesenheit entgegen wie der Christus. Dann sind sie die Schüler des Christus. Zwölf Bodhisattvas umgeben eine solche Wesenheit, wie es der Christus ist, und wir können überhaupt nicht von mehr als zwölf reden, denn wenn die zwölf Bodhisattvas ihre Mission erreicht haben, haben wir die Zeit des Erdenseins erschöpft.

Der Christus war ein einziges Mal physisch da und hat damit dasjenige durchgemacht, was Abstieg, Ankunft auf der Erde und Aufstieg ist. Er kommt von der anderen Seite und ist diejenige Wesenheit, die in der Mitte der zwölf Bodhisattvas ist, die sich dort dasjenige holen, was sie auf die Erde herunterzutragen haben. So steigen die Bodhisattva-Wesenheiten zwischen zwei Inkarnationen hinauf bis zum Buddhiplan, und bis zum Buddhiplan reicht dasjenige, was ihnen vollbewußt als Lehrer entgegentritt: die Wesenheit des Christus. Auf dem Buddhiplan begegnen sich die Bodhisattvas und der Christus. Und wenn die Menschen weiterschreiten und diejenigen Eigenschaften entwickeln, die ihnen durch die Bodhisattvas eingeträufelt werden, dann werden sie auch immer reifer werden, um in dieselbe Sphäre hinaufzudringen. Einstweilen aber handelt es sich darum, daß die Menschheit erkennen lernt, daß in dem Jesus von Nazareth inkarniert war, das heißt in menschlicher Gestalt erschienen war die Christus-Wesenheit, und daß durch diese menschliche Gestalt erst durchzudringen ist, um zu der wahren Wesenheit der Christus-Individualität zu gelangen.

So gehören zu dem Christus zwölf Bodhisattvas, die vorzubereiten und weiter auszubauen haben, was er als den größten Impuls unserer Kulturentwicklung gebracht hat. Da erblicken wir die Zwölf und in ihrer Mitte den Dreizehnten. Damit sind wir aufgestiegen in die Sphäre der Bodhisattvas und eingetreten in einen Kreis von zwölf Sternen, und in ihrer Mitte die Sonne, die sie erleuchtet und erwärmt, von der sie jenen Lebensquell haben, den sie dann wieder herunterzutragen haben auf die Erde. Wie nimmt sich auf der Erde das Abbild von dem aus, was da oben geschieht?

Auf die Erde herunterprojiziert nimmt es sich so aus, daß wir sagen können: Der Christus, der auf der Erde gelebt hat, hat dieser Erdenentwicklung einen solchen Impuls gebracht, daß die Bodhisattvas vorzubereiten hatten die Menschheit für diesen Impuls und auch wieder auszubauen haben, was der Christus der Erdenentwicklung gibt. Das nimmt sich wie ein Bild auf der Erde aus: Der Christus in der Mitte der Erdenentwicklung, die Bodhisattvas als seine Vorboten und seine Nachfolger, die seine Arbeit der Menschheit wiederum nahezubringen haben.

So mußte eine Anzahl von Bodhisattvas in der Menschheit vorarbeiten, damit die Menschheit reif wurde, den Christus zu empfangen. Nun ist aber die Menschheit, nachdem sie reif war, den Christus unter sich zu haben, noch lange nicht reif, alles dasjenige zu erkennen, zu fühlen und zu wollen, was der Christus ist. Und ebenso viele Bodhisattvas als notwendig waren, um die Menschen für den Christus vorzubereiten, ebenso viele sind notwendig, um das, was durch den Christus in die Menschheit einfließen soll, in die Menschheit hinauszuführen. Denn in dem Christus ist so viel, daß die Kräfte und Fähigkeiten der Menschen immer größere werden müssen, um ihn ganz zu verstehen. Mit den heutigen Fähigkeiten ist er nur zum kleinsten Teil zu verstehen. Höhere Fähigkeiten werden der Menschheit erstehen, und mit jeder neuen Fähigkeit werden wir den Christus in einem neuen Lichte ansehen. Und erst wenn der letzte zum Christus gehörige Bodhisattva seine Arbeit getan haben wird, wird die Menschheit empfinden, was der Christus ist; dann wird sie von einem Willen beseelt sein, in dem der Christus selber lebt. Der Christus wird durch das Denken, Fühlen und Wollen in die menschlichen Wesen einziehen, und die Menschheit wird die äußere Ausprägung des Christus auf der Erde sein.

ZWEITER VORTRAG

BERLIN, 22. DEZEMBER 1909

Die heutige Betrachtung möge gewidmet sein Dingen, welche den Anthroposophen im weiteren Sinne des Wortes interessieren können und die dazu bestimmt sein sollen, denen, welche schon längere Zeit an diesen Zweigabenden teilgenommen haben, diese oder jene Sache genauer zu beleuchten. Vor allem ist es gut, wenn wir uns ab und zu wieder in die Erinnerung rufen, daß es in der Geisteswissenschaft nicht allein darauf ankommt, dieses oder jenes so im allgemeinen als Theorie, als Lehre zu wissen, sondern daß es darauf ankommt, immer wieder und wieder sich genauer und eingehender mit den entsprechenden Fragen und Lebensrätseln zu beschäftigen. Es könnte ja vielleicht jemand sagen: Was man zunächst für das Leben aus der Geistesforschung zu wissen braucht, das ließe sich bequem in ein kleines Heftchen von vielleicht sechzig Seiten, wenn man alles unterbringen will, hineinbringen, und dann könnte sich jeder dieses Heftchen von sechzig Seiten zu eigen machen; er hätte dann eine Überzeugung über das Wesen des Menschen, über Reinkarnation und Karma, über die Entwicklung der Menschheit und der Erde, und könnte nun mit dieser Überzeugung durch das Leben wandern. Und jemand, der das gern hätte, könnte vielleicht sagen: Ja, warum macht es denn eigentlich diese anthroposophische Bewegung nicht so, daß sie in möglichst vielen Exemplaren diese hauptsächlichsten Gesichtspunkte in die Welt hinausstreut, damit jeder Mensch sich eine Überzeugung darüber aneignen kann? Warum tut diese Bewegung das zunächst merkwürdig Scheinende, daß sie jede Woche einmal diejenigen, welche sich mit Geisteswissenschaft beschäftigen wollen, zusammenruft, um immer von neuem das zu beschreiben, was sich bequem auf sechzig Seiten unterbringen ließe? Was haben denn, könnte man fragen, diese Anthroposophen jede Woche immer wieder und wieder ihren Leuten zu sagen?

Nun, es entspricht vielleicht gewissen Glaubensbekenntnissen unserer Zeit, auch in bezug auf die Geistesforschung einen solchen kurzen Abriß für die Westentasche zu haben, um sich auf diese Weise das Wichtigste aneignen zu können. Aber das ist es ja, was wir uns immer mehr und mehr ins Gedächtnis rufen sollten, daß es mit einem solchen «Abriß-Wissen» in der Geistesforschung nicht getan ist – daß es überhaupt im Grunde nicht auf das Wissen ankommt, obwohl Geistesforschung in einem Wissen, in einer Erkenntnis besteht –, daß es nicht genügt, in allgemeinen Phrasen das Wesen der Geistesforschung zu sehen, sondern in ganz bestimmten Erkenntnissen. Aber wiederum genügt es doch nicht, sich diese Erkenntnisse etwa im Sinne der heutigen Zeit als eine allgemeine Überzeugung angeeignet zu haben und dann damit zufrieden zu sein. Denn nicht darum handelt es sich, eine solche Überzeugung einmal zu haben, zu wissen: Der Mensch lebt nicht nur einmal, es gibt Ursachenverhältnisse, welche von einem Leben in das andere hinübergehen, es gibt Reinkarnation und Karma. Das ist nicht das eigentlich Heilsame der Geistesforschung, diese Lehren zu verbreiten, sondern sich eingehend und intim mit diesen Lehren, namentlich in bezug auf ihre Einzelheiten immer wieder und wieder zu beschäftigen, sie unausgesetzt auf seine Seele wirken zu lassen. Denn man hat im Grunde von der Überzeugung gar nichts, die uns einfach glauben läßt: Ja, der Mensch lebt nicht nur einmal zwischen Geburt und Tod, er lebt öfter; es gibt eine Reinkarnation, ein Karma und so weiter. Von dem Glauben an diese Dinge hat man im Grunde nicht viel. Und es ist im Grunde zwischen der Seele eines Menschen, der nicht weiß, daß es eine Reinkarnation und ein Karma gibt, und zwischen der Seele eines solchen Menschen, der das weiß, kein sehr großer Unterschied in bezug auf die wirklichen Tiefen des Lebens.

Unsere Seele wird im anthroposophischen Sinne erst dann eine andere, wenn wir uns immer wieder und wieder nicht nur mit den Allgemeinheiten, sondern mit den besonderen Tiefen beschäftigen, die uns die Geistesforschung zu sagen hat. So kommt es, daß es gut ist, wenn wir uns immer wieder verständigen in bezug auf die anthroposophische Auffassung dieser oder jener Lebenseinzelheit. Nur im allgemeinen zu wissen, daß es ein großes Schicksalsgesetz gibt, welches einen Zusammenhang schafft zwischen vergangenen Taten, vergangenen Empfindungen, vergangenen Gedanken eines Menschen und zwischen gegenwärtigen und zukünftigen Erlebnissen, dieses nur im allgemeinen zu wissen, genügt eben durchaus nicht. Erst dann wird Geisteswissenschaft eine Lebenssache, wenn wir diese allgemeinen Lehren anwenden können auf die einzelnen Erfahrungen des Lebens, wenn wir imstande sind, unsere ganze Seele sozusagen einzustellen auf den Gesichtswinkel, durch den wir das Leben in einer neuen Art ansehen. Daher soll heute zunächst eine kleine Betrachtung angestellt werden über das Karmagesetz, jenes große Schicksalsgesetz in bezug auf Einzelheiten des Lebens. Dinge sollen zusammengefaßt werden vom Gesichtspunkte des Karmagesetzes, welche den meisten von Ihnen bereits bekannt sind, die aber auch einmal unter den Gesichtswinkel des Karma gerückt werden müssen.

«Karma» sagt im allgemeinen, daß es einen Zusammenhang gibt in der geistigen Welt zwischen dem, was heute geschieht und in der Zukunft geschehen wird, und dem, was in der Vergangenheit geschehen ist. Es ist nicht einmal ganz besonders gut, das Karma- oder Schicksalsgesetz das Gesetz der Verursachung zu nennen und es dann zu vergleichen mit dem Gesetz von Ursache und Wirkung in der äußeren Welt. Wenn wir einen Vergleich haben wollen für dieses große Schicksalsgesetz, so müssen wir immer auch darauf sehen, daß dieser Vergleich als solcher stimmt, daß er auch wirklich dasjenige veranschaulicht, was das Schicksalsgesetz sagt.

Nehmen wir einmal als Vergleich folgendes. Wir haben zwei Gefäße mit Wasser und außerdem zwei Metallkugeln, die gewöhnliche Zimmerwärme haben. Wir werfen die eine Kugel in das eine Wassergefäß: Das Wasser bleibt, wie es ist. Jetzt nehmen wir die andere Kugel, und nachdem wir sie glühend gemacht haben, werfen wir sie in das andere Wassergefäß: Das Wasser darinnen wird heiß! Warum ist das Wasser in dem zweiten Gefäß heißer geworden? Warum nicht in dem ersten? Es ist heißer geworden aus dem Grunde, weil die Kugel selber, bevor sie in das Wasser hineingeworfen wurde, eine Veränderung durchgemacht hat, und die Veränderung durch das Glühendmachen hatte zur Folge die Erhitzung des Wassers. Es trat ein Geschehnis auf, das die Folge war eines anderen Ereignisses, nämlich des Glühendmachens. Mit dem, was in der vorhergehenden Zeit Erlebnis, was Tätigkeit war, hängt dasjenige zusammen, was in der Gegenwart oder Zukunft als Erlebnis, als Erscheinung uns entgegentritt.

Wenn wir das Gesetz der geistigen Zusammenhänge zwischen Vergangenheit, Gegenwart und Zukunft in dieser Weise ins Auge fassen, so werden wir es schon im gewöhnlichen Leben, in dem Leben, das rings um uns herum abläuft und das wir beobachten können, wenn wir nur wollen, bestätigt finden, auch wenn wir noch lange nicht irgendwelche hellseherischen Fähigkeiten entwickelt haben. Denn das müssen wir ja immer wieder als eine goldene Regel feststellen: Richtig bewiesen werden kann ein Gesetz der geistigen Welt nur mit der hellseherischen Beobachtung, nur von dem Geistesforscher; dagegen belegt werden durch äußere Bestätigungen kann ein solches Gesetz durch die Erlebnisse der äußeren Welt immer. Allerdings, um das Karmagesetz im Leben bestätigt zu finden, dazu werden sich die Menschen angewöhnen müssen, schon das äußere Leben ein wenig genauer zu beobachten als das gewöhnlich geschieht. Denn die Menschen beobachten das Leben gewöhnlich nicht weiter als, bildlich gesprochen, ihre Nase reicht. Was etwas weiter weg liegt, das beobachten sie schon nicht mehr. Wer aber das äußere Leben tiefer beobachtet, der wird schon zwischen Geburt und Tod im Menschendasein das Karmagesetz wohl hinlänglich da oder dort bestätigt finden können.

Wir wollen uns möglichst an Konkretes halten; nehmen wir einmal den folgenden Fall an. Irgendein junger Mensch wäre im fünfzehnten Jahre seines Lebens durch irgendein Ereignis aus seiner bisherigen Lebensbahn herausgerissen worden. Sagen wir, er hätte durch die Lage seiner Eltern bis zum fünfzehnten Jahre studieren können, und er wäre im fünfzehnten Jahre genötigt worden, vielleicht dadurch, daß der Vater sein Vermögen verloren hat, den Kaufmannsstand zu ergreifen. Er ist also aus einem Lebensberuf heraus- und in einen anderen hineingeworfen worden. Selbstverständlich handelt es sich nicht darum, irgendeinen Lebensberuf für wertvoller zu halten als einen anderen, sondern darum, daß eine Veränderung im Leben eintritt, wenn so etwas vor sich geht. Nun wird man wahrscheinlich, wenn man das Leben in dem heute gewöhnlichen, materialistischen Sinne betrachtet, nichts Erhebliches unter dem Einfluß einer solchen Erscheinung in dem Leben eines Menschen suchen und dann auch nicht finden. Wer aber genauer beobachtet, der wird finden, daß ein Mensch, der so in einen andern Beruf hineinkommt, zunächst durch die Abwechselung, die ihm der neue Beruf darbietet, Freude, Sympathie haben kann für seinen Beruf, daß er sozusagen mit Interesse hineinwächst in diesen seinen Beruf. Dann kann aber etwas Merkwürdiges auftreten. Was Seelenerlebnisse sind, was Sympathien und Antipathien sind im Berufe, das kann mit dem achtzehnten bis neunzehnten Jahre anfangen, eine andere Gestalt anzunehmen. Die Freude am Berufe kann aufhören, der Mensch kann anfangen, sich ganz anders zu verhalten zu seinem Beruf. Man wird in gewisser Weise ratlos sein gegenüber dem, was sich dann in der Seele eines solchen Menschen zuträgt, wenn man niemals etwas gehört hat von der Anthroposophie.

Was ist denn da geschehen? Es ist das geschehen, daß der Mensch von dem fünfzehnten Jahre an, als er in einen neuen Beruf versetzt worden ist, sich mit Interesse in diesen Beruf hineingefunden hat. Dieses Interesse hat zunächst jene Empfindungen und Seelenstimmungen, die sich herangebildet haben, als dieser Mensch sich ganz anders betätigt hatte, zurückgeschoben. Dann kommt aber eine Zeit, wo das alles mit um so größerer Kraft durchbricht. Geradeso wie wenn man einen elastischen Körper gedrückt hat – man kann eine Weile drücken, dann aber schnellt die Masse um so stärker zurück –, so kann die Folge sein, daß die Interessen, die eine Weile zurückgeschoben worden sind, jetzt ganz besonders ausbrechen. Im achtzehnten bis neunzehnten Jahre bricht dann alles hervor, was sich an Empfindungen, an Stimmungen in die Seele hineingedrängt hat drei Jahre vor jener Veränderung, das heißt im achtzehnten bis neunzehnten Jahre alles dasjenige, was sich im elften bis zwölften Jahre in die Seele hineingedrängt hatte und so weiter. Und man findet sich nur zurecht im Leben eines Menschen, wenn man sich sagen kann: Da ist mit dem fünfzehnten Jahre ein Lebensknotenpunkt eingetreten, und es treten nach diesem Zeitpunkt Geschehnisse auf, welche in ihren Wirkungen nach außen ebenso viele Jahre später liegen, als ihre Ursachen ebenso viele Jahre vor diesem Knotenpunkt liegen.

Denken Sie einmal, wie man einem Menschen helfen kann in bezug auf Seelenstimmungen und Schwierigkeiten im Leben, wenn man in der Lage ist, sich zu fragen: Wo liegt ein solcher seelischer Knotenpunkt im Leben dieses Menschen? – Er kann sehr intim liegen. Wenn man aber auf einen solchen Knotenpunkt kommt, dann kann man zurückrechnen und hat dann eine geistige Wirkung ebenso viele Jahre nach diesem Lebensknotenpunkt, als man eine Ursache hat ebenso viele Jahre vor demselben. So bekommt man eine Anschauung von dem Karma. Die Erkenntnis hilft uns im Leben weiter, und wir können uns sagen: Solche

Ursachen und Wirkungen im Leben eines Menschen hängen nach bestimmten Zeiträumen zusammen, so daß sie sich nach einem bestimmten Zeitpunkt im Leben richten; und wenn wir von diesem Zeitpunkt vorwärts- und zurückzählen, so können wir den Zusammenhang von Ursache und Wirkung finden.

Nun kann sich so etwas natürlich durch den Eintritt anderer Ereignisse verdecken. Es könnte zum Beispiel jemand kommen und sagen: Das Beispiel, das du uns da gegeben hast, stimmt nicht! Ich habe das gerade bei einem jungen Menschen erlebt, bei dem das nicht der Fall ist. – Ja, ich habe es auch schon erlebt, daß zwei Leute zusammen Billard spielten, da kam gerade der Kellner vorbei und stieß denjenigen an, der gerade am Spiel war, und die Kugel flog in einer ganz anderen Richtung, als sie sonst geflogen wäre. Aber deshalb ist das Gesetz der Verursachung nicht falsch, sondern es sind eben andere Verhältnisse eingetreten. Wir müssen aber dabei bedenken, daß wir das Gesetz niemals kennenlernen, wenn wir nicht von denjenigen Dingen absehen, welche das Gesetz stören. Es können nach dem fünfzehnten Jahre wiederum andere Umstände eintreten, welche das Gesetz durchkreuzen. Gesetze lernt man nicht dadurch kennen, daß man das Leben bloß beobachtet, sondern dadurch, daß man sich zunächst die richtige Art aneignet, die Erscheinungen des Lebens zusammenzubringen. Denn im Leben werden die Dinge fortwährend gestört, da zeigen sich die Gesetze nicht so leicht. Dennoch kann man das Leben nur regeln, wenn man die Gesetze so kennt, wie sie gefunden werden müssen. Wenn man die Einzelheiten kennt, so kann man sich bei einem jungen Menschen, der eine solche Umknickung des Lebens erfahren hat, sagen: Es ist eine Aufgabe des Erziehers, jetzt darauf zu achten! – Da wird das Karma ein Lebensgesetz, da tritt der Fall ein, wo man das Gesetz im Leben handhaben kann, da wird es erst nütze. Man wird vielleicht in einem solchen Fall dem Kinde, nachdem man ihm nicht mehr das geben kann, was man ihm vorher gegeben hat, jetzt erst ein Berater sein können. Aber das kann man nur sein, wenn man solche Zusammenhänge kennt, wenn man weiß, was dem Menschen fehlt und gerade dort eingreifen und wirken kann, wo der betreffende Mangel im Leben einsetzt. Wenn man das nicht weiß, kann man dem jungen Menschen kein Berater sein. Da wird das Karmagesetz zu einem Einschlag des Lebens, da lernt man ein Berater zu sein im Leben, wenn man das Karmagesetz als ein Lebensgesetz betrachtet.

Es liegen ja natürlich nicht nur solche Zusammenhänge im Leben vor, sondern das Karmagesetz zwischen Geburt und Tod lebt sich auch noch in einer anderen Weise aus. So besteht ein merkwürdiger Zusammenhang zwischen den Erlebnissen eines Menschen in der ersten Hälfte seines Lebens und denen in der zweiten Lebenshälfte, nur beobachten ihn die Menschen nicht. Beispielsweise lernt man einen Menschen kennen; er ist jung und man verliert ihn aus den Augen, bevor er in ein bestimmtes Alter gekommen ist. Oder man lernt einen Menschen in einem späteren Alter kennen und kennt dann nicht seine Jugend; oder wenn man vielleicht auch die Jugend kennt, so vergißt man das, was sich vor vielen Jahren zugetragen hat. Anfang und Ende des Lebens zu betrachten in den Fällen, wo einem das möglich ist, das würde die schönste Bestätigung des Karmagesetzes schon im Dasein zwischen Geburt und Tod liefern.

Dabei erinnern Sie sich vielleicht an etwas, was in den öffentlichen Vorträgen gesagt worden ist, zum Beispiel über den Zorn, der als ein edler Zorn in der Jugend auftritt. Wir haben damals charakterisiert, wie ein junger Mensch noch nicht durchschauen kann eine Ungerechtigkeit, die sich in seiner Umgebung abspielt; sein Intellekt ist noch nicht reif genug dazu, um eine Ungerechtigkeit, die sich abspielt, vollständig zu durchschauen. Aber es ist durch die weise Weltenlenkung dafür gesorgt, daß wir ein Gefühlsurteil haben, bevor wir zu einem Verstandesurteil kommen können. Es regt sich bei einem guten Menschen, wenn die Anlagen dazu vorhanden sind, in der Kindheit, wenn eine Ungerechtigkeit vor sich geht, ein edler Zorn, der einfach als Gefühl da ist, und der das einzige ist, wodurch die Seele die Ungerechtigkeit empfinden kann. Die Ungerechtigkeit mit dem Intellekt zu durchschauen, dazu ist der Mensch noch nicht reif. Wenn diese edle Zornesregung aber im Charakter eines Menschen vorhanden ist, dann sollen wir sie wohl beachten. Denn alles, was so als ein Gefühlsurteil gegenüber einer Ungerechtigkeit erlebt wird, das bleibt in der Seele. Dieser edle Zorn der Jugendjahre durchdringt die Seele und wandelt sich im Laufe des Lebens um. Und was sich so im Verlaufe des Lebens umwandelt, das tritt in einer anderen Gestalt in der zweiten Lebenshälfte wieder auf: Es tritt auf in einer Gefühlsneigung zur liebenden Milde und zum Segnen. Es wandelt sich also der edle Zorn der Jugend, der ersten Lebenshälfte um, so daß er im späteren Leben auftritt als liebende Milde, als segnende Gesinnung. Und wir werden nicht leicht finden – wenn alle anderen Dinge so stimmen, daß nichts die Sache stört –, daß in der zweiten Lebenshälfte des Menschen jene liebende, segenspendende Milde auftritt, ohne daß sie sich nicht in den Jugendjahren ausgedrückt hat durch einen edlen Zorn, verursacht über Torheit, über Dummheit, über Häßlichkeit im Leben. So haben wir einen karmischen Zusammenhang im gewöhnlichen Leben, und wir könnten ihn in ein Bild kleiden und sagen: Jene Hand, die sich nicht einmal auch in der ersten Lebenshälfte in edlem Zorn ballen konnte, wird sich nicht leicht zum Segnen ausstrecken können in der zweiten Lebenshälfte.

Solche Dinge kann allerdings nur derjenige beobachten, der, wie gesagt, etwas weiter die Lebensbeobachtungen anstellt, als gerade seine Nase reicht. Aber man tut das ja im gewöhnlichen Leben nicht. Ich könnte an einem ganz trivialen Beispiel zeigen, wie wenig man dazu geneigt ist, solche Dinge im Leben zu beobachten.

Ich habe schon öfter erwähnt: Für denjenigen, der intime Lebenserkenntnisse sich erwerben will, gerade um okkulte Seelenverhältnisse zu vertiefen, für den ist es außerordentlich günstig, zum Beispiel unter anderem als Erzieher durch bestimmte Jahre hindurch gewirkt zu haben. Da lernt man in ganz anderer Weise die Seelen kennen als durch die gewöhnliche Schulpsychologie, die gewöhnlich für eine Seelenerkenntnis ganz wertlos ist. Seelenerkenntnis eignet man sich an, wenn man die Seele nicht nur beobachtet, sondern wenn man das Leben anderer unter eigener Verantwortung Jahre für Jahre selber zu leiten hat. Da lernt man auch intimer beobachten. Während meiner langjährigen Erziehertätigkeit konnte ich nicht nur diejenigen Kinder beobachten, welche mir gerade zur Erziehung anvertraut waren, sondern Sie wissen ja, da kommen bei Gelegenheiten verschiedene Familien zusammen, und dabei lernt man auch andere Kinder kennen, nicht nur Kinder in den verschiedensten Lebensaltern, sondern auch Kinder sozusagen von dem ersten Moment an, wo sie in die Welt treten.

Es ist jetzt vielleicht fünfundzwanzig bis dreißig Jahre her, da hatte man eine bestimmte Zeitlang in der Medizin – bei der Sie vielleicht auch schon bemerkt haben, wie sie eine von fünf zu fünf Jahren stetig sich ändernde Auffassung hat von dem, was dem Menschen «gesund» ist – eine ganz besondere Anschauung: nämlich die Anschauung, daß es besonders stärkend wäre für schwache Kinder, wenn man ihnen im Alter von drei, vier, fünf Jahren täglich ein tüchtiges Glas Rotwein verabreicht. Ich habe Kinder gesehen, die dieses Glas Rotwein bekommen haben, und auch solche, die es nicht bekommen haben. Ich konnte nun warten mit meinem Beobachten – denn selbstverständlich, die Medizin ist ja zunächst unfehlbar; gegen sie etwas auszusprechen, würde unter den Vorurteilen einer jeweiligen Gegenwart gar nicht viel fruchten –, ich konnte also mit meinen Beobachtungen warten. Die Kinder nun, welche damals von zwei bis fünf Jahren zu ihrer Stärkung täglich ihr Glas Rotwein bekommen haben, sind jetzt jüngere Leute von fünfundzwanzig bis siebenundzwanzig Jahren, und ich habe gefunden – denn ich habe wohl darauf geachtet, denn da erst zeigen sich die Wirkungen einer solchen Anschauung –, ich habe gefunden: alle die Kinder, welche ihren Rotwein bekommen haben, sind «Zappel-Philippe» geworden, ihr astralischer Leib zappelt, und sie können nicht viel mit ihm anfangen, sie wissen nicht, wie sie mit ihrem unwillkürlich sich regenden Seelenleben sich zurechtfinden sollen. Diejenigen dagegen, welche damals «leider», wie man sagte, nicht mit jenem Glas Rotwein gestärkt werden konnten, sind jetzt ganz in sich gefestigte Naturen geworden, die nun nicht so zappelig sind in ihrem astralischen Leib oder in ihrem Nervensystem, wie man es materialistisch ausdrückt.

Da haben wir einen solchen Zusammenhang im Leben. Er ist ja ein trivialer, nicht ein besonders das Karma illustrierender, aber er ist ein solcher, an dem wir sehen, daß Lebensbeobachtung nicht bloß so weit gehen soll, wie unsere Nase reicht, sondern daß sie weitere Zeiträume überschauen muß, und daß es nicht genügt, wenn man einmal festgestellt hat: Dieses oder jenes Mittel wirkt so oder so. Denn dasjenige, was da eigentlich angeregt wird, kann der wirkliche Beobachter erst nach vielen Jahren konstatieren. Nur die großen Lebenszusammenhänge und alles, was uns anweist, die großen Lebenszusammenhänge zu suchen, kann uns in Wahrheit aufklären über die Art, wie Ursache und Wirkung im Menschenleben zusammenhängen. So muß man versuchen, auch in bezug auf die eigentlichen Seeleneigenschaften weiter auseinanderliegende Lebenserscheinungen zusammenzuhalten. Dann kann man das Gesetz vom Karma auch schon zwischen Geburt und Tod sehen, dann findet man sehr häufig, wie die Ereignisse des späteren Alters zusammenhängen mit dem, was in der ersten Lebenshälfte erlebt worden ist.

Erinnern Sie sich auch noch an das, was über die Mission der Andacht gesagt worden ist, über die Wichtigkeit, mit dem Gefühl der Verehrung hinaufschauen zu können zu irgendeinem Wesen, zu irgendeiner Erscheinung, die man noch nicht versteht, die man verehrt gerade deshalb, weil man ihr mit dem Verstande noch nicht gewachsen ist. Und immer gern mache ich darauf aufmerksam, wie schön es ist, wenn der Mensch sich sagen kann: Ich habe einmal als Kind gehört von einem besonders verehrungswürdigen Familienmitgliede, das man ungeheuer verehrt hatte. Ich hatte es noch nicht gesehen, aber eine tiefe Ehrfurcht war in mir für diese Persönlichkeit vorhanden. Dann wurde ich einmal, als die Gelegenheit gekommen war, zu diesem verehrten Familienmitgliede hingeführt. Und mit innerster, heiliger Scheu legte ich die Hand auf die Türklinke zu dem Zimmer, wo diese bedeutsame Persönlichkeit erscheinen sollte!

Jenem Gefühl andächtiger Verehrung wird man dankbar sein im späteren Leben, denn man verdankt ungeheuer viel dem, daß man in der ersten Hälfte des Lebens hat verehren können. Und andächtige Verehrung ist ganz besonders gut in jedem Leben. Ich habe schon Menschen gekannt, die aufmerksam gemacht worden sind auf das Gefühl andächtiger Verehrung gegenüber einem Geistig-Göttlichen, und die dagegen einwandten: Ich bin Atheist, ich kann kein Geistiges verehren. – Solchen Menschen kann man sagen: Sieh dir einmal den Sternenhimmel an! Kannst du ihn machen? Sieh dir den weisheitsvollen Bau an und denke dir: Da kann man hineinsenken ein Gefühl wahrer, echter Ehrfurcht! – Es gibt viel in der Welt, dem wir nicht mit dem Verstande gewachsen sind, aber zu dem wir verehrend aufschauen können. Und besonders in der Jugend ist viel vorhanden, zu dem wir andächtig hinaufschauen können, ohne daß wir es zu erkennen vermögen.

Andacht in der ersten Lebenshälfte verwandelt sich nun wieder in eine ganz besondere Lebenseigenschaft in der zweiten Hälfte. Wir haben wohl alle schon von Persönlichkeiten gehört, die durch das, was sie sind, etwas wie eine Wohltat sind für ihre Umgebung. Sie brauchen gar nicht etwas Besonderes zu reden, sie brauchen nur da zu sein. Es ist, wie wenn durch die ganze Art und Weise ihres Wesens etwas Unsichtbares von ihnen ausströmte und sich den anderen Seelen mitteilte. Ihre ganze Art wirkt wohltuend und beseligend auf die Umgebung. Wem verdanken solche Menschen diese Kraft, durch ihre seelischen Eigenschaften wohltuend auf ihre Umgebung zu wirken? Dem Umstande verdanken sie es, daß sie in der Jugend haben erleben dürfen ein Leben der Andacht, daß sie viel Andacht gehabt haben in der ersten Lebenshälfte. Andacht in der ersten Lebenshälfte verwandelt sich in die Kraft, unsichtbar segnend und wohltuend zu wirken in der zweiten Lebenshälfte.

Da haben wir wiederum einen karmischen Zusammenhang, der sich zwischen Geburt und Tod klar und deutlich ausdrückt, wenn man ihn nur beobachtet. Und im Grunde genommen war es aus einem schönen karmischen Gefühl heraus gesprochen, als Goethe zum Motto eines seiner Werke die schönen Worte wählte: «Was man in der Jugend wünscht, hat man im Alter die Fülle!» – Freilich, wenn man nur kurze Zusammenhänge im Leben beobachtet, wird man oft von unbefriedigten Wünschen sprechen können; wenn man große Zusammenhänge betrachtet, weniger.

Alle diese Dinge, die so charakterisiert worden sind, können nun wiederum übergehen in echte Lebenspraxis. Und im Grunde kann nur der, welcher das Leben so geisteswissenschaftlich ansieht, ein richtiger Erzieher sein. Denn er wird in der ersten Lebenshälfte dem Menschen dasjenige geben können, von dem er weiß, daß dieser es in der zweiten Hälfte anwenden kann. Heute weiß man nichts von jener Verantwortung, die man übernimmt, wenn man dieses oder jenes dem jungen Menschen einimpft. Aber heute ist es so gebräuchlich geworden, über diese Dinge von oben herab zu sprechen, sozusagen von dem hohen Pferd des materialistischen Denkens aus über diese Dinge zu sprechen. Und ich möchte Ihnen diese eben getane Behauptung illustrieren durch eine kleine Erfahrung, welche hier in Berlin von uns selber gemacht worden ist.

Da kam einmal ein Besucher, so einer, der glaubt, wenn er nur einmal, einmal im Leben, eine oder zwei Versammlungen sich anhört, dann hat er ein Urteil über die Sache. Insbesondere suchen solche Leute ein Urteil über ähnliche geistige Bewegungen, wie die unsere es ist, in der Art zu gewinnen, daß sie nachher «sachgemäß» über die Sache schreiben können. Diejenigen, welche heute die Welt mit Zeitungsartikeln versorgen wollen, sie haben gerade den Glauben, daß man sich in dieser Weise ein Urteil über etwas verschafft. Man geht einmal hin, und dann weiß man, was los ist! – Dieser Besucher, den ich meine, der hat auch geschrieben, und es war putzig, als einmal in einer amerikanischen Zeitschrift über eine Zweigversammlung bei uns gelesen werden konnte. Natürlich war auch die Beschreibung recht merkwürdig zutreffend. Aber wie gesagt: Was man geisteswissenschaftlich wirklich erfassen will, das kann man sich natürlich auf diese Weise durchaus nicht aneignen, sondern man muß sich klar sein, daß man nur dann in das spirituelle Leben hineinkommt, wenn man den Willen hat, die Einzelheiten wirklich mitzuerleben und durchzumachen.

Nun habe ich das Ganze nur erzählt, um das Urteil des betreffenden Besuchers zu charakterisieren, das er gefällt hat und mit dem er nicht hinter dem Berge gehalten hat. Dieser Besucher sagte: An der Geisteswissenschaft gefalle ihm das nicht, daß sie alles so einteile; daß man die Welt einteile in physische Welt, astralische Welt, devachanische Welt und so weiter. Warum solle man das tun, alles so einteilen? – Das hatte er alles aus ein oder zwei Besuchen. Wie schrecklich müßte es erst auf ihn gewirkt haben, wenn er auch noch die andern Einteilungen gehört hätte! Der betreffende Besucher war der Anschauung, man brauche nicht die Dinge so zu betrachten, sondern man rede «im allgemeinen» über die geistige Welt, warum soll man da erst in Klassen unterscheiden? – So redet man heute auf dem Gebiet der Erziehung, so redet man auf allen Gebieten des Lebens, so redet im Grunde genommen auch die heutige Wissenschaft. Aus der Willkür der Lebensbeobachtung, nicht aus der sachgemäßen Erforschung der einzelnen Lebenserscheinungen redet die Welt herum. Daher ist es auch so schrecklich, wie auf jemanden, der die Welt wirklich betrachten kann, solche Reformen und Programmreden wirken müssen, denn sie verursachen etwas, was man vergleichen kann mit einem furchtbaren physischen Schmerz. Man braucht heute nur ein gewöhnliches wissenschaftliches Buch in die Hand zu nehmen. Da mögen die Beobachtungen noch so gewissenhaft ausgeführt sein, die Art und Weise, wie die Dinge dargestellt sind, ist einfach furchtbar, weil gar kein Begriff dafür vorhanden ist, wie die Erscheinungen beobachtet werden sollen. Und so bewundert man heute auch mancherlei Menschen, die aus der Willkür dies oder jenes, weil es ihnen gerade einfällt, in die Welt hinausschreien.

Das gerade ist wichtig, daß sich der Anthroposoph das Bewußtsein aneignet, daß das Leben bis in die Einzelheiten genau nach jenen Methoden beobachtet werden sollte, welche uns das Karma und die anderen Lebensgesetze für die Lebenspraxis an die Hand geben. Daher können wir einen Segen für die zukünftige Entwicklung der Menschheit, auch in bezug auf Erziehungsfragen, nur dann erhoffen, wenn die anthroposophische Anschauung eindringt auch in die Grundsätze der Erziehung. Karma ist etwas, was zugleich eine feste Stütze gibt zum Beispiel für alle Lebensbeobachtung, die auf Erziehung eingeht.

Da ist es zum Beispiel unendlich wichtig, daß wir wissen, wie eine gewisse Erscheinung in der Erziehung karmisch zusammenhängt, die sich in der Ansicht ausdrückt: Wenn ein Kind sich richtig entwickelt, muß es so oder so werden. Mir gefällt das für das Leben! – Und jetzt denkt man, das Kind sei ein Sack, und da könnte man alles hineinstopfen, was man gerade für das Richtige hält. Man prägt seine Wesenheit und was man selbst als Sympathie oder Antipathie empfindet, dem Kinde auf. Würde man wissen, was das im karmischen Zusammenhange ergibt, so würde man die Sache anders ansehen. Man würde sehen, daß dasjenige, was so in das Kind wie in einen Sack hineingestopft worden ist, sich karmisch dahin erfüllt, daß es den Menschen dürr und trocken macht, daß es das Kind frühzeitig altern macht und gerade das Zentrum seines Wesens ertötet. Wir müssen, falls wir ein Kind erziehen wollen, sozusagen indirekt an das Kind herantreten, wenn wir glauben, daß es diese oder jene Eigenschaft sich aneignen soll. Da sollte man nicht dafür sorgen, diese oder jene Eigenschaft dem Kinde einzupfropfen, sondern man muß zuerst ein Bedürfnis erregen für diese Eigenschaft, ein Verlangen in dem Kinde erregen, diese Eigenschaft sich anzueignen. Wir müssen also dabei um einen Grad weiter zurückgehen. Wir müssen sogar, wenn wir wissen, es ist einem Kinde dieses oder jenes als Speise gut, sie ihm nicht aufzwingen, sondern dafür sorgen, daß es zuerst Geschmack dafür empfindet, so daß es selbst diese Speise verlangt. Wir müssen Verlangen und Begierde regeln, damit das Kind von sich aus verlangt, was für es gut ist. Das ist eine andere Art als die, alles wie in einen Sack hineinzupacken und zu sagen: Also hinein damit! – Wenn wir also zuerst die Bedürfnisse regeln, treffen wir den Lebenskern des Kindes, und dann werden wir sehen, daß sich das in der zweiten Hälfte des Lebens karmisch erfüllt, indem der Mensch wiederum Lebensfreude, Lebenskraft ausstrahlt, so daß ein solcher Mensch in der zweiten Lebenshälfte nicht dürr und trocken ist, sondern lebendig bleibt aus dem Zentrum seines Wesens heraus.

Wenn wir so das Karmagesetz betrachten, werden wir uns sagen, es genügt nicht, wenn wir in ein Büchelchen hineingeschrieben haben: Es gibt ein Karmagesetz, einen Zusammenhang zwischen Früherem und Späterem –, sondern wir müssen das Leben unter dem Gesichtspunkt des Karmagesetzes betrachten. Erst wenn man in die Einzelheiten des Lebens hinaufkommt, ist Anthroposophie in der wahren Gestalt da, dann muß man aber auch den Willen haben, immer wieder und wieder zu arbeiten, das heißt, niemals wieder von ihr abzukommen. Man muß Zeit finden, die Erscheinungen des Lebens in den Gesichtspunkt der Anthroposophie zu rücken.

Das waren einige solche Gesichtspunkte, die Zusammenhänge innerhalb des Lebens zwischen Geburt und Tod zeigen sollten. Nun können wir allerdings das Karmagesetz auch hinreichend verfolgen bis jenseits von Geburt und Tod, ein Leben mit dem anderen oder den anderen verbindend. Was wir heute in diesem Leben zwischen Geburt und Tod erfahren, das müssen wir auch anknüpfen an Dinge, die früher von uns erlebt wurden oder im späteren Leben von uns erlebt werden. Da könnten wieder unzählige Einzelheiten angeführt werden. Ich möchte mich heute damit begnügen, eine wichtige Lebensfrage vom karmischen Gesichtspunkte aus zu beleuchten, insofern Karma hineinreicht von einem Leben in das andere, und zwar die Frage nach Gesundheit und Krankheit, und namentlich nach der letzteren.

Es könnte mancher glauben, wenn er von irgendeiner Krankheit befallen wird, so wäre es im Sinne des Karma richtig, zu sagen: Ich habe sie eben verdient, das ist mein Schicksal! – Aber damit allein ist das Karmagesetz gar nicht immer in der richtigen Weise charakterisiert. Bei einer Krankheit müssen wir uns erst klar sein, worinnen eigentlich ihr Wesen, geistig erfaßt, liegt. Da tun wir gut, wenn wir uns zunächst einmal damit beschäftigen, worinnen zum Beispiel das Wesen eines Schmerzes besteht. Von da aus werden wir dann überleiten können zu einem geistigen Verständnis der Krankheit.

Worinnen besteht das Wesen des Schmerzes? Wir wollen jetzt einen ganz äußeren physischen Schmerz betrachten, zum Beispiel, wenn wir uns in den Finger geschnitten haben. Warum schmerzt es? Wir werden niemals geistig uns über das Wesen des Schmerzes aufklären können, wenn wir nicht wissen, daß dieser physische Finger durchdrungen ist von einem Ätherfinger und von einem astralischen Finger. Was nun der physische Finger darstellt, wie er geformt ist, wie das Blut in ihm fließt, wie die Nerven verlaufen, das hat alles der Ätherfinger geformt. Er ist der Bildner und sorgt heute noch immer dafür, daß die Nerven in der entsprechenden Weise angeordnet sind, daß das Blut richtig fließt und so weiter. Wie nun der Ätherleib daran formt, das wird geregelt durch den astralischen Leib, der das Ganze durchdringt. Warum es uns nun schmerzt, wenn wir uns in den Finger geschnitten haben, das wollen wir uns durch einen äußeren Vergleich klarmachen.

Nehmen Sie an, es wäre eine Lieblingsbeschäftigung von Ihnen, jeden Tag einmal Ihre Blumen im Garten zu begießen, Sie fühlen darin eine gewisse Befriedigung. Eines Morgens aber ist Ihre Gießkanne ruiniert oder gestohlen worden, und Sie können jetzt nicht Ihre Blumen im Garten begießen. Sie sind darüber betrübt. Das ist kein physischer Schmerz; aber in der Entbehrung Ihrer Lieblingsbeschäftigung können Sie so etwas wie einen physischen Schmerz empfinden. Sie können eine Tätigkeit, weil das Instrument nicht da ist, nicht ausüben. Was hier äußerlich mangelhaft ist und was deshalb auch nur einen moralischen Schmerz hervorrufen kann, das wird zu einem physischen Schmerz durch folgendes.

Der Ätherleib und der astralische Leib sind darauf eingerichtet, daß sie den Finger in der Art in Ordnung halten, wie er jetzt ist. Den Ätherfinger und den astralischen Finger kann ich niemals zerschneiden. Wenn ich meinen Finger entzweischneide, so geschieht das, daß der Ätherfinger nicht mehr richtig eingreifen kann. Er ist gewohnt, den richtigen Zusammenhang des Fingers zu haben und dieser Zusammenhang ist jetzt gestört, ebenso wie vorher meine Tätigkeit, als ich den Garten begießen wollte. Der astralische Leib und der Ätherleib können also nicht eingreifen, und das macht sich geltend im astralischen Leibe als Schmerz, als Entbehrung. Die gewohnten Tätigkeiten nicht ausüben, in der gewohnten Weise nicht eingreifen zu können, das gibt sich im astralischen Leib als Schmerz kund. Im Augenblick aber, wo der Ätherleib und der astralische Leib nicht mehr richtig eingreifen können, macht sich auch eine größere Anstrengung geltend. Geradeso wie wir in unserem Falle, wenn wir den Garten begießen wollen, Anstrengungen machen, die Gießkanne zu suchen oder dergleichen, so müssen jetzt auch astralischer Leib und Ätherleib eine größere Tätigkeit aufwenden, um die Sache wiederum in Ordnung zu bringen. Und diese größere Tätigkeit, welche da aufgewendet werden muß, ist das eigentlich Heilende. Da wird das Geistige zu einer energischeren Tätigkeit aufgerufen, und das ist das eigentlich Heilende. Dasjenige, was die geistigen Glieder des Menschen zu einer größeren Tätigkeit aufrufen kann, das bringt die Heilung hervor. Nun beruht jede Krankheit darauf, daß durch irgendeine Unordnung im physischen Leib oder auch im Ätherleib des Menschen die geistigen Teile nicht in der richtigen Weise eingreifen können, sozusagen daran gehindert sind, und die Heilung besteht in der Aufrufung einer stärkeren Widerstandskraft gegen die Unordnung. Nun kann eine Krankheit entweder so verlaufen, daß sie geheilt wird, oder wir können daran sterben. Betrachten wir beide Fälle einmal karmisch.

Wenn die Krankheit so verläuft, daß wir gesund werden, so haben wir in unsere Glieder, die wir uns aus früheren Inkarnationen mitgebracht haben, damals jene starken Lebenskräfte hineingelegt, die wirklich heilend eingreifen können. Und wenn wir auf unsere früheren Inkarnationen zurückblicken, so können wir sagen: Wir waren damals nicht nur imstande, unseren Körper in der richtigen Weise zu versorgen durch das, was wir normalerweise im Leben haben, sondern wir haben uns noch einen Reservefonds mitgebracht, den wir herausholen können aus den geistigen Lebensgliedern.

Nun nehmen wir an, wir sterben. Was ist dann der Fall? Dann werden wir sagen müssen: Wenn der Versuch gemacht worden ist zur Heilung, so haben wir auch die stärkeren Kräfte in uns aufgerufen. Aber sie reichten nicht aus, sie waren nicht hinlänglich. Aber immer, wenn wir Kräfte aufrufen, so daß sie sich stark geltend machen, ist es nicht nutzlos. Wir haben dazu in der Tat stärkere Anstrengungen machen müssen. Sind wir in diesem Leben noch nicht in der Lage gewesen, Ordnung herzustellen in irgendeinem Gebiete unseres Organismus, so sind wir wenigstens stärker geworden. Wir haben Widerstand leisten wollen. Es hat nur nicht gereicht. Aber wenn es auch nicht gereicht hat, so geht es doch nicht verloren, was wir da an Kräften aufgerufen haben. Das geht mit hinüber in die nächste Inkarnation, und das betreffende Organ wird stärker, als wenn wir die Krankheit nicht gehabt hätten. Und wir werden dann imstande sein, dasjenige Organ, das uns in diesem Leben vorzeitig zu Tode gebracht hat, mit einer besonderen Stärke und Regelmäßigkeit auszubilden. Es wird also auch dann eine günstigere Wirkung da sein, wenn wir bei richtiger Behandlung der Krankheit diese nicht zur Heilung bringen können. Karmisch müssen wir auch in diesem Falle in einer Krankheit etwas sehen, was sich im ferneren Leben in einer günstigeren Weise ausleben kann. Im kommenden Leben können wir dann in diesem oder jenem Falle dadurch eine besondere Stärke haben, daß wir eine Krankheit zwar bekämpften, aber sie nicht überwunden haben. Deshalb darf man aber nicht sagen: Dann ist es vielleicht gerade gut, die Krankheit zu lassen; denn wenn wir die Krankheit sich recht ausleben lassen und nicht heilend eingreifen, dann werden die Kräfte in unserm Innern stärker, und das Karma wird sich um so besser erfüllen! – Das wäre ein Unsinn. Es handelt sich gerade darum, die Heilung so zu veranstalten, daß möglichst günstig die ausgleichenden Kräfte eingreifen können; das heißt also, daß wir so viel als nur möglich ist, zur wirklichen Heilung tun, ganz gleichgültig, ob eine Heilung eintritt oder nicht. Das Karma ist immer lebensfreundlich, niemals lebensfeindlich!

Das Karmagesetz, wie es von einem Leben ins andere reicht, hat sich dadurch an einem besonderen Beispiel als lebensstärkend gezeigt. Und wir können sagen: Wenn wir auf diesem oder jenem Organ besonders stark sind, so weist uns das hin auf ein vorhergehendes Leben, in welchem dieses Organ, in dem wir jetzt besonders stark sind, einmal besonders krank war. Wir haben es damals nicht ganz heilen können. Dafür wurden aber die Kräfte aufgerufen, welche dieses Organ jetzt als ein besonders starkes erscheinen lassen. – So sehen wir, wie aus einem Leben in das andere die Ereignisse, die Tatsachen, hineinreichen, wie unser Wesenskern immer stärker und stärker wird, wenn wir uns auch in der richtigen Weise bewußt sind, wie wir ihn stärker machen können. Und wir können auf diese Weise immer mehr und mehr zu einem lebendigen Verständnis unseres geistigen Wesenskernes durch das Karmagesetz kommen.

Nun kommen wir zu einer Antwort auf die Frage: Warum versammeln wir uns so oft? – Wir versammeln uns so oft, weil wir nicht nur unsere Erkenntnis bereichern wollen, wenn wir Lehren aufnehmen, sondern weil die Lehren, wenn sie in der richtigen Weise gegeben sind, geeignet sind, unseren Wesenskern immer stärker und kräftiger zu machen. Wir gießen einen geistigen Lebenssaft in unsere Angelegenheiten, wenn wir zusammenkommen und uns mit Anthroposophie beschäftigen. So ist Anthroposophie nicht eine Theorie, sondern ein Lebenstrank, ein Lebenselixier, das sich uns immer wieder in die Seele gießt, und von dem wir wissen, es macht die Seele immer stärker und immer kräftiger. Und wenn Anthroposophie nicht mehr das sein wird für die Menschen, was sie heute ist durch den Unverstand der äußeren Welt, wenn sie einmal eingreifen wird in unser ganzes geistiges Leben, dann werden die Menschen sehen, wie das Heil, auch des physischen Lebens, des ganzen äußeren Lebens von der Stärkung abhängt, die durch die anthroposophische Betrachtung, durch das anthroposophische Miterleben gewonnen werden kann. Es wird die Zeit kommen, wo solche anthroposophischen Versammlungen das wichtigste Stärkungsmittel für die Menschen werden können, so daß sie hinausgehen und sagen: Wir verdanken das, was wir können, unsere Gesundheit, unsere Kraft im Leben, dem Umstande, daß wir uns in unserem eigentlichen Wesenskern, in unserem Wesenszentrum immer aufs neue stärken! – Erst wenn die Menschen fühlen: Anthroposophie gibt ihnen durch die Einzelbetrachtungen dasjenige, was sie bis in den physischen Leib hinein kraftvoll und gesund macht, erst dann werden sie fühlen diese Mission der Anthroposophie. Und heute sollen diejenigen, welche sich mit der Anthroposophie beschäftigen, sich als Pioniere betrachten für die Anthroposophie als etwas Lebenstärkendes! Dann wird sie erst das rechte sein und erst den richtigen Angriffspunkt gewinnen können gegen etwas, was heute so vielfach lebenschwächend ist.

Da sei zum Schluß noch auf eines aufmerksam gemacht. Man hört heute kein Wort öfter als das Wort «erbliche Belastung». Wie könnte heute derjenige, der das Wort «erbliche Belastung» nicht mindestens alle Wochen drei- oder viermal im Munde führt, als ein gebildeter Mensch gelten? Ein gebildeter Mensch muß doch mindestens wissen, daß die gelehrte Medizin festgestellt hat, was erbliche Belastung im Menschenleben bedeutet! Wer nicht sagen kann, wenn da oder dort jemand nichts mit sich anzufangen weiß, der Betreffende sei erblich belastet, der ist kein gebildeter Mensch, sondern irgend etwas anderes, und unter diesem anderen vielleicht auch ein Anthroposoph. Hier beginnt das, wo die Wissenschaft des heutigen Lebens anfängt, nicht nur theoretisch zu irren, sondern wo sie anfängt, das Leben zu schädigen. Hier ist die Grenze, wo das Theoretische herankommt an das Moralische, wo es unmoralisch ist, eine falsche Theorie zu haben. Hier hängt die Lebenskraft, die Lebenssicherheit davon ab, gerade das Richtige zu wissen. Wer sich stärkt und kräftigt aus einer richtigen geistigen Anschauung in seiner Seele, indem er sich ein Lebenselixier zuführt, wozu wird der imstande sein?

Was er auch vererbt erhalten haben mag, es sind Vererbungen im physischen Leibe, oder höchstens im Ätherleibe. Durch seine richtige Lebensanschauung wird er sich in seinem eigentlichen Wesenskern immer stärker und stärker machen, und er wird besiegen, was erbliche Belastung ist, denn das Geistige, wenn es im richtigen Sinne vorhanden ist, ist imstande, das Körperliche auszugleichen. Wer sich aber nicht in seinem geistigen Wesenskern stärkt, wer da sagt: Das Geistige ist nur ein Produkt des Körperlichen –, der ist dann, weil er kein starkes Inneres hat, ausgeliefert den erblichen Belastungen, bei dem müssen sie schädlich wirken.

Es ist gar kein Wunder, daß heute dasjenige, was man erbliche Belastung nennt, so furchtbare Wirkungen hat, weil man den Leuten erst die Macht der erblichen Belastung einredet und ihnen das nimmt, was dagegen wirkt. Man züchtet erst den Glauben an die erbliche Belastung und nimmt dann dem Menschen mit einer geistigen Weltanschauung die beste Kampfmethode gegen die erbliche Belastung. Man erfindet erst die Allmacht der erblichen Belastung, und dadurch wirkt sie dann. Man hat nicht nur eine falsche Ansicht, die Lebensfeindliches zur Wirksamkeit bringt, die dem Menschen die Waffen aus der Hand windet, sondern hier beginnt eine Theorie, die ganz und gar auf materialistischen Anschauungen fußt. Hier beginnt eine materialistische Weltanschauung ins Moralische hineinzuspielen und sie wirkt hier nicht bloß theoretisch falsch, sondern unmoralisch. Darüber kommt man auch nicht dadurch hinweg, daß man nur sagt: Diejenigen, welche solche Behauptungen aufstellen, irren eben. Man braucht nicht zu stark mit denjenigen ins Gericht zu gehen, die solche Theorien aufstellen. Die einzelnen Vertreter der Wissenschaft sollen hier niemals getroffen werden, bei denen wird es verstanden; liebevoll kann es auch verstanden werden, daß sie darinnenstecken, daß sie zu solchen Irrtümern kommen müssen. Der eine kann sich nicht aus einer wissenschaftlichen Tradition herauswinden; bei dem anderen kann man es auch verzeihlich finden, denn er hat Weib und Kind und würde sich vielleicht in eine schiefe Lage bringen, wenn er sich nicht mehr zu den herrschenden Anschauungen bekennen wollte. Aber auf das Ganze als eine Zeiterscheinung muß aufmerksam gemacht werden, weil da die Wissenschaft anfängt, nicht nur falsche Theorien zu verbreiten, sondern dem Menschen die lebenfördernden Mittel aus der Hand zu winden, die als geistige Weltanschauung das Leben mit Kraft versorgen sollen, und die allein imstande sind, gegenüber der Macht, die sonst den Menschen überwältigen muß, gegen das Physische aufzukommen. Dieses Physische ist nur so lange eine überwältigende Macht, solange der Mensch in seinem Geistigen keine Kraft dagegen ausbildet. Bildet er diese Kraft aus, dann wird in ihm ein Kämpfer gegen alles Physische erwachsen.

Wir können das nicht von heute auf morgen erhoffen. Aber diejenigen, welche die Dinge im wahren Sinne verstehen, sie werden nach und nach kennenlernen die geisteswissenschaftliche Auffassung in bezug auf Erscheinungen, denen gegenüber sich der Mensch zunächst ohnmächtig zeigt. Was sich da nicht ausgleicht in einem Leben, das gleicht sich aus im Gesamtleben. Und wenn wir das einzelne Leben, wie auch das Leben von Verkörperung zu Verkörperung betrachten, dann wird das Karmagesetz, richtig verstanden, nicht ein Gesetz sein, das uns jetzt niederdrücken kann, sondern ein Gesetz, das uns Trost und Kraft geben wird und uns immer stärker machen wird. Ein Lebenskraftgesetz ist das Karmagesetz, und als solches sollen wir es auffassen. Es handelt sich nicht darum, daß wir einzelne Abstraktionen wissen, sondern daß wir die spirituellen Lebenswahrheiten im einzelnen im Leben verfolgen, und daß wir nie müde werden in der Erarbeitung der Geist-Erkenntnis, indem wir uns durchdringen mit den Einzelwahrheiten der Geistesforschung.

Wenn Sie sich das vor Augen halten, leben Sie im rechten Sinne anthroposophisch. Dann wissen Sie, warum wir uns nicht damit begnügen, dieses oder jenes Buch gelesen zu haben, sondern Anthroposophie als eine Herzensangelegenheit betrachten, die nicht aufhört, uns zu beschäftigen, auf die wir immer wieder gern zurückkommen, und von der wir wissen, daß, je öfter wir auf sie zurückkommen, sie uns immer mehr und mehr Lebensbereicherung geben kann.

DRITTER VORTRAG

BERLIN, 2. FEBRUAR 1910

Durch ein jedes der Evangelien, so konnten wir bei einer unserer letzten Betrachtungen sagen, wird uns das große Geheimnis von Golgatha von einer besonderen Seite her dargestellt. Wir haben darauf aufmerksam gemacht, daß das Markus-Evangelium das Geheimnis von Golgatha, das Geheimnis des Christus Jesus, darlegt aus den großen kosmologischen Zusammenhängen heraus, während das Matthäus-Evangelium die Herausbildung dieses Geheimnisses darstellt aus einem Volkstum heraus, nämlich aus dem althebräischen Volkstum. Wir haben gesehen, wie nach und nach sich dieses althebräische Volkstum von Generation zu Generation seit der Zeit des Abraham entwickeln mußte, um dann als Blüte hervorzubringen dasjenige Menschenwesen, das in sich bergen konnte die Individualität des Zarathustra oder Zoroaster. Wir haben gesehen, wie alle die Eigenschaften des althebräischen Volkes, die sich nach und nach intensiver und intensiver gestalten mußten, indem sie sich von Generation zu Generation steigerten, auf dem Prinzip der physischen Vererbung beruhten. Damit haben wir den Unterschied gerade der Mission des althebräischen Volkes von den Missionen anderer Völker charakterisieren können. Die Mission des althebräischen Volkes lag darin, daß es gewisse Eigenschaften zu vererben hatte, die eben nur auf dem Wege der physischen Vererbung von den ältesten Generationen aus der abrahamitischen Zeit bis herunter zu dem Jesus sich steigernd vererben mußten. Das Matthäus-Evangelium birgt aber noch viele Geheimnisse, wie ja die anderen Evangelien auch. Und wenn wir auch im Laufe dieses Winters noch einzelne Ausblicke, einzelne Perspektiven in die Evangelien eröffnen, so kann doch das Verständnis höchstens zunächst angeregt werden.

Denn um die Evangelien vollständig zu verstehen, ist eine schier nie zu endende geistige Arbeit notwendig. Heute soll von einer ganz bestimmten Seite her ein Licht zunächst auf das Matthäus-Evangelium geworfen und daran angeschlossen werden eine gewisse Nutzanwendung solcher Lehren, wie sie aus diesen Ausblicken folgen können für die heute in der anthroposophischen Geistesströmung stehenden Seelen.

Wenn wir heute eine Art Rückblick tun auf mancherlei von dem, was wir im Laufe der Jahre gelernt haben, dann werden wir sagen können, daß diese Entwicklung der Menschheit, wie wir sie geisteswissenschaftlich dargestellt haben, verschiedene Krisen durchmacht, an wichtige Punkte kommt, dann eine Weile fortgeht in einer gleichmäßigeren Art, dann wiederum an einen wichtigen Punkt kommt und so weiter. Wir haben ja oft betont, daß ein solcher wichtigster Punkt in der Erdenentwicklung der Menschheit die Zeit ist, in welcher im Beginne unserer neuzeitlichen Zeitrechnung der Christus-Impuls gegeben worden ist. Wenn wir von da aus weiter zurückgehen, finden wir, verschiedenes überspringend, einen wichtigen Punkt, auf den wir immer wieder hingedeutet haben. Wenn wir die atlantische Zeit durchschreiten und in die lemurische Zeit zurückgehen, finden wir dort jenen Zeitpunkt, in dem die erste Anlage zum menschlichen Ich in die menschliche Wesenheit verpflanzt worden ist.

Wenn so etwas verstanden werden soll, müssen die Worte ganz genau genommen werden. Man muß zum Beispiel genau unterscheiden, was da geschehen ist in der alten lemurischen Zeit, wenn gesagt wird: Damals ist die erste Anlage zum Ich in die Menschenwesenheit hineinversenkt worden –, und wenn gesagt wird: In der Zeit des Mysteriums von Golgatha begann die Periode, das Zeitalter, in dem sich die Menschheit dieses Ichs vollständig bewußt geworden ist. – Das ist ein bedeutsamer Unterschied: das Ich erst zu haben als Anlage, als etwas, was in dem Menschen arbeitet, oder mit seinem Wissen hingelenkt zu werden darauf, daß man dieses Ich hat. Diese Dinge muß man streng voneinander unterscheiden, sonst kommt man nicht zurecht mit den wirklichen Gesetzen der Entwicklung.

Wir wissen, daß die Hineinverpflanzung des Ich in den Menschen begründet ist in der Gesamtentwicklung der Erde. Die Erde ging durch die Saturn-, Sonnen- und Mondenzeit hindurch und wurde dann erst jenes Gebilde, das sie heute ist. Auf dem Saturn wurde die Anlage zum physischen Leibe gelegt, auf der Sonne zum Ätherleibe, auf dem Mond zum astralischen Leibe, und auf der Erde ist die Anlage zum Ich hinzugekommen. Diese Anlage zum Ich wurde also innerhalb der Erdentwicklung gelegt in der lemurischen Zeit. Nun aber ging in diesem lemurischen Zeitalter noch etwas anderes vor sich, dasjenige nämlich, was wir immer den luziferischen Einfluß genannt haben. Es wurde also in jenem Zeitraum der Mensch auf der einen Seite begabt mit dem Keim zum Ich, der bestimmt war, im Laufe der folgenden Erdperioden immer weiter und weiter ausgebildet zu werden, und gleichzeitig wurde dem astralischen Leib eingeimpft der luziferische Einfluß. Durch diesen luziferischen Einfluß wurde ja das gesamte Menschenwesen verändert, also auch alles am Menschen, was an Kräften, an Elementen im Ätherleibe und im physischen Leibe war. Der ganze Mensch wurde dadurch in der lemurischen Zeit eben ein anderer, als er geworden wäre, wenn es keinen luziferischen Einfluß gegeben hätte. So haben wir also den Menschen in der lemurischen Zeit in zweifacher Weise einen anderen werdend: Wir haben ihn werdend zu einer Ich-Wesenheit und außerdem werdend zu einem Wesen, das in sich selber birgt das luziferische Prinzip. Wenn das luziferische Prinzip nicht gekommen wäre, so wäre der Ich-Einfluß deshalb doch eingetreten.

Was ist nun am Menschenwesen dadurch geschehen, daß sich der luziferische Einfluß in der lemurischen Zeit geltend machte?

Wenn eine solche Sache von dieser oder jener Seite geschildert wird, so bitte ich Sie recht sehr, nehmen Sie eine solche Schilderung niemals so, als ob gleich alles damit gegeben würde; sondern es kann immer nur ein Gesichtspunkt herausgegriffen werden. Es ist im Laufe der Jahre schon viel gesagt worden, was alles durch den luziferischen Einfluß im Laufe der Entwicklung geschehen ist. Das alles gehört auch dazu, aber das können wir jetzt nicht wiederholen. Heute werden wir nur einen Gesichtspunkt herauszuheben haben, der uns eine bestimmte Seite charakterisiert. Dieser Gesichtspunkt besteht darinnen, daß der Mensch durch diesen luziferischen Einfluß früher zu einer Entwicklungsstufe gekommen ist, als es ihm eigentlich vorausbestimmt war, als es sozusagen in der weisen Weltenlenkung für ihn vorgesehen war. Der Mensch ist durch den luziferischen Einfluß in seine drei von den früheren Verkörperungen der Erde herübergekommenen Wesensglieder, in seinen astralischen Leib, in seinen Ätherleib und in seinen physischen Leib tiefer hineingestiegen, ist mehr mit ihnen verstrickt worden, als wenn es keinen luziferischen Einfluß gegeben hätte. Der Mensch wäre mit seinem Ich sozusagen den geistigen Welten näher geblieben, hätte sich länger als ein Glied der geistigen Welt mit seinem Ich gefühlt, wenn der luziferische Einfluß nicht bewirkt hätte, daß dieses Ich tiefer hineingestiegen ist in astralischen Leib, Ätherleib und physischen Leib. Der Mensch ist sozusagen tiefer auf die Erde heruntergestiegen in der lemurischen Zeit durch den luziferischen Einfluß.

Wir können den Zeitpunkt angeben, wann der Mensch – wenn es keinen luziferischen Einfluß gegeben hätte – so weit auf die Erde oder in die physische Materie heruntergestiegen wäre als er in Wirklichkeit in der lemurischen Zeit heruntergestiegen ist durch den luziferischen Einfluß: das wäre in der Mitte der atlantischen Zeit gewesen. Mit anderen Worten: Wäre kein luziferischer Einfluß gekommen, so hätte der Mensch mit seinem Herabstieg auf die Erde bis in die Mitte der atlantischen Zeit warten müssen. Durch den luziferischen Einfluß ist er früher heruntergestiegen.

Dadurch ist er dazu gekommen, ein freies, aus seinen eigenen Impulsen heraus handelndes Wesen zu werden; denn er hätte sich sonst bis in die Mitte der atlantischen Zeit in vollständiger Abhängigkeit von der geistigen Welt erhalten, hätte bis dahin niemals irgendwie selber entscheiden können zwischen dem Guten und dem Bösen, niemals irgendeinen freien Impuls entfalten können, sondern hätte aus seelischen Instinkten heraus gehandelt, das heißt aus Kräften heraus, welche die göttlich-geistigen Wesenheiten in seine Seele verpflanzt hätten. Aber die luziferischen Wesenheiten haben ihm die Möglichkeit verschafft, früher als sonst zu entscheiden zwischen dem Guten und Bösen, sich nicht bloß nach den Gesetzen der göttlich-geistigen Weltordnung instinktiv lenken zu lassen, sondern selber zu entscheiden, sich selber eine Art Gesetzmäßigkeit zu machen.

Diese Tatsache wird uns ja in tiefsinniger Weise ausgedrückt in der Schilderung des Sündenfalles, der in einer wunderbaren Imagination nichts anderes darstellt als das, was ich jetzt erzählt habe. Das wird im Alten Testament dargestellt, indem gesagt wird: Es wurde eingepflanzt dem Menschen die lebendige Seele von den göttlich-geistigen Wesenheiten. – Wenn diese lebendige Seele nun bloß so geblieben wäre, hätte der Mensch jetzt warten müssen, bis später durch die göttlich-geistigen Wesenheiten diese lebendige Seele, das heißt das noch unentwickelte Ich, reif geworden wäre, die Entscheidungen zu treffen. Nun kommen die luziferischen Einflüsse, in der Bibel dargestellt durch die Schlange. Dadurch kommt der Mensch dazu, nicht bloß instinktiv den Einströmungen des Jahve oder der Elohim zu folgen, sondern selber zu entscheiden über Gut und Böse. Aus einem Wesen, das bis dahin gelenkt und geleitet worden ist von den göttlich-geistigen Wesenheiten, ist der Mensch dadurch zu einem Wesen geworden, das selbst entscheiden konnte. Das wird auch in der Bibel ganz klar dargestellt, daß durch die Schlange, das heißt durch die luziferischen Wesenheiten, die Selbstentscheidung des Menschen herbeigeführt worden ist. Und dann tönen Ihnen, von Götterseite gesprochen, aus der Bibel die Worte entgegen: Der Mensch ist geworden wie einer von uns! – das heißt, von den Göttern. Oder wenn wir es radikal ausdrücken wollen: Der Mensch hat sich durch den luziferischen Einfluß etwas angeeignet, was sich bis dahin nur für Götter geziemt hat. Götter haben die Entscheidungen getroffen über Gut und Böse, nicht diejenigen Wesen, die von den Göttern abhängig waren.

Nun ist der Mensch durch den luziferischen Einfluß zu einem Selbstentscheider, das heißt, zu einem solchen Wesen geworden, das göttliche Eigenschaften zu früh in sich entwickelte. So ist auf diese Weise durch den luziferischen Einfluß etwas in die Menschennatur hineingekommen, was sonst aufbewahrt geblieben wäre für die menschliche Entwicklung bis in die Mitte der atlantischen Zeit. Nun können Sie sich denken, daß der Mensch ein ganz anderer gewesen wäre, wenn ihm dieser Herunterstieg in die Materie erst in der Mitte der atlantischen Zeit beschieden gewesen wäre, denn dann wäre seine Seele reifer von diesem Herunterstieg getroffen worden. Er wäre als ein besserer, als ein reiferer Mensch in der Materie angekommen. Er hätte also in alles Physische, Ätherische und Astralische andere Eigenschaften hineingebracht und wäre ganz anders fähig geworden, zwischen dem Guten und dem Bösen zu entscheiden. Dadurch, daß sich der Mensch von der lemurischen Zeit bis zur Mitte der atlantischen Zeit zu einem Entscheider zwischen Gut und Böse gemacht hat, dadurch hat er sich schlechter gemacht, als er sonst geworden wäre, und kam dadurch in einem weniger vollkommenen Zustand an. Er hätte die ganze Zeit bis zur Mitte der atlantischen Zeit sonst in einer viel geistigeren Art durchgemacht, so aber hat er sie materieller durchlaufen. Dadurch wurde aber jetzt bewirkt, daß, wenn dem Menschen das nicht hinzugegeben worden wäre, was ihm die Götter in der Mitte der atlantischen Zeit zugedacht hatten, er dann vollständig heruntergefallen wäre.

Was wäre dem Menschen in der Mitte der atlantischen Zeit gegeben worden, wenn er bis dahin wie instinktiv von geistig-göttlichen Wesenheiten gelenkt und geleitet worden wäre?

Es wäre ihm das gegeben worden, was ihm, nachdem der luziferische Einfluß einmal da war, gegeben worden ist durch das Mysterium von Golgatha! Der Christus-Impuls wäre ihm in der Mitte der atlantischen Zeit gegeben worden. Jetzt mußte er aber, weil der luziferische Einfluß da war, auf diesen Christus-Impuls so lange warten, als die Zeit betrug von dem luziferischen Einfluß bis zur Mitte der atlantischen Zeit. So viel Zeit früher, als Luzifer vor der Mitte der atlantischen Zeit an den Menschen herangetreten ist, so viel Zeit später kam der Christus-Impuls. So haben wir dadurch, daß der Mensch sich seine Gottähnlichkeit früher erworben hat als es hätte sein sollen, eine Verzögerung des Christus-Impulses zu verzeichnen. Denn der Mensch mußte erst alles durchmachen, was ihm im Erdenkarma werden mußte für das, was in ihn Schlechtes hineingekommen war durch den luziferischen Einfluß. Das mußte erst sozusagen ausgelitten werden durch die Menschheit. Der Mensch mußte warten, bis nicht nur der luziferische Einfluß ihn zu einem Entscheider gemacht hatte zwischen Gut und Böse, sondern bis im Laufe der Erdenentwicklung auch alles das eingetreten war, was als Folge dieses luziferischen Einflusses kommen mußte. Das mußte abgewartet werden. Dann erst konnte der Christus-Impuls auf die Erde herniedersteigen. Der Mensch sollte nicht etwa nach der weisen Lenkung der Welt dasjenige ewig entbehren, was ihm durch den luziferischen Einfluß geworden ist, sondern er hätte es in der Mitte der atlantischen Zeit erhalten sollen. Werden sollte es ihm also unter allen Umständen. Allerdings in der Form, in der es ihm geworden ist durch den luziferischen Einfluß, wäre es ihm im anderen Falle nicht geworden. Durch Luzifer hat der Mensch für alles, was zusammenhängt mit geistigen Dingen, nicht nur die freie Entscheidung bekommen, sondern auch die Fähigkeit, sich zu enthusiasmieren für das Gute und Edle, Weise und Große. Wie wir als Menschen heute sind, können wir nicht bloß kalt, nüchtern und trocken entscheiden zwischen Gut und Böse, sondern wir können auch für das Schöne, für das Edle, Gute und Weise entflammt werden. Das rührt davon her, daß in unseren astralischen Leib etwas hineingetragen worden ist, was sonst, wenn es erst in der Mitte der atlantischen Zeit dem Menschen zugekommen wäre, nur in das Ich, in das urteilende Ich hineingetragen worden wäre. Also alles, was wir an Gefühlen, an Idealismus, an Entflammtsein haben für das Gute, für hohe Ideale, das verdanken wir dem Umstande, daß in unseren astralischen Leib etwas hineingekommen ist, bevor uns die Gottähnlichkeit in unserm Ich, die Aufnahme des Christus in unserm Ich zuteil geworden ist. Das ist das Wesentliche, daß diese Gottähnlichkeit, diese Gottgleichheit, diese Möglichkeit, das Gute in sich selbst zu finden, über den Menschen kommen sollte. Wäre der luziferische Einfluß nicht gekommen, so wäre dieser Impuls in der Mitte der atlantischen Zeit gekommen; so ist er aber jetzt in der Zeit gekommen, in der der Christus Jesus eben gewirkt hat.

Es ist also durch den Christus-Impuls in den Menschen das Bewußtsein eingezogen, daß er in seinem Ich etwas von göttlicher Substanz und Wesenheit hat. Das liegt ja all den tieferen Aussprüchen auch des Neuen Testamentes zugrunde, daß der Mensch in seine Ich-Wesenheit das Göttliche aufnehmen kann, und daß dieses Göttliche darin wirken und Entscheidungen treffen kann zwischen Gutem und Bösem. Wir können daher sagen, mit der Aufnahme des Christus-Impulses in das menschliche Innere kam über den Menschen die Möglichkeit, sich zu sagen: Ich bin mir Richtschnur für die Erkenntnisse meines Daseins, für die Entscheidungen über Gut und Böse.

Wenn wir nun zurückblicken auf die vorchristlichen Zeiten, müssen wir sagen: Da damals jener Impuls, der den Menschen zum wahren Entscheider macht zwischen Gut und Böse, noch nicht da war, so war die Entscheidung zwischen Gut und Böse, war das Urteil, die Erkenntnis über das Gute, Schöne und Wahre in der vorchristlichen Zeit notwendig eine mangelhafte und eine solche, die sich nicht eigentlich aus dem Innersten des Menschen heraus ergeben konnte. Der Mensch hatte auch nicht die Möglichkeit, bevor der Christus-Impuls gekommen war, aus seinem innersten Wesen heraus über das Gute und das Böse zu entscheiden. Die Entscheidung über das richtige Gute, über das richtige Wahre, über das richtige Schöne konnte in vorchristlichen Zeiten nur dadurch getroffen werden, daß einzelne Individualitäten, wie die Bodhisattvas, mit einem Teile ihres Wesens im Laufe der Zeit hinaufreichten in göttlich-geistige Welten, also die Entscheidung über Gut und Böse nicht eigentlich aus dem Innersten der Menschennatur holten, sondern aus den göttlichen Welten. Durch ihren Verkehr mit göttlich-geistigen Wesenheiten bekamen sie es und flößten es dann wie suggestiv der Menschenseele ein. Ohne solche Führer hätten die Menschen in den vorchristlichen Zeiten immer nur mangelhafte Entscheidungen treffen können über Gut und Böse. Wenn sich diese Führer auf ihr eigenes Herz verlassen hätten, so hätten sie es auch nicht gekonnt; nur dadurch, daß sie herunterstiegen in die Tiefen der Seele, die dem Menschen noch nicht beschert waren, dadurch, daß sie aus ihrer eigenen Ich-Wesenheit herausgingen in die Reiche der Himmel, bekamen sie die Impulse, welche die Menschen brauchten, um in der Zeit des mangelhaften Entscheidens über Gut und Böse dennoch das Gute vorbereitend auf die Erde zu verpflanzen.

So war der Mensch in der vorchristlichen Zeit ein Wesen, welches sich für noch nicht genügend gereifte Eigenschaften die Gottgleichheit angeeignet hatte, für etwas, was noch gar nicht dazu geeignet war, die Gottgleichheit zu haben. Dadurch hat der Mensch seit der lemurischen Zeit alles, was er getan hat, schlechter, mangelhafter getan, als er es sonst getan haben würde. Vor allen Dingen hat er durch den luziferischen Einfluß in der vorchristlichen Zeit dasjenige schlechter und mangelhafter getan, was sich auf ihn selbst bezieht. Seinen astralischen Leib, Ätherleib und physischen Leib, die sonst geistiger geblieben wären, wenn nicht der luziferische Einfluß gewirkt hätte, hat er dadurch, daß das alles so gekommen ist, schlechter, materieller gestaltet. Dadurch sind aber auch alle Übel in das Menschenleben gekommen, die sich im Laufe der Zeit entwickelt haben. Im Laufe einer langen Zeit haben sie sich entwickelt.

Von der lemurischen Zeit bis zum Mysterium von Golgatha haben sich im physischen Leibe, im Ätherleib und im astralischen Leibe Übel entwickelt. Im astralischen Leibe hat sich ein hochgradiger Egoismus entwickelt, im Ätherleibe haben sich entwickelt die Möglichkeiten des Irrtums, wenn wir irgend etwas beurteilen wollen, und die Möglichkeit der Lüge. Wenn der Mensch unter dem Einfluß göttlich-geistiger Wesenheiten geblieben wäre, instinktiv nach ihren Impulsen gehandelt hätte, so würde er, wenn er sich heute Erkenntnisse würde erwerben wollen über die Umwelt, weder in Irrtum verfallen können, noch zur Lüge verführt werden können; so aber ist der Hang zur Lüge und die Gefahr des Irrtums in die menschliche Entwicklung hineingekommen. Und weil das Geistige immer der Verursacher ist des Physischen, und weil der luziferische Einfluß und dessen Folgen sich von Inkarnation zu Inkarnation immer mehr hineingefressen haben in den Ätherleib, so ist dadurch in den physischen Leib hineingekommen die Möglichkeit zur Erkrankung. Krankheit ist das Übel im physischen Leibe, das durch diese Entwicklung gekommen ist.

Aber etwas noch Bedeutsameres ist gekommen. Wäre der Mensch nicht diesen Einflüssen unterlegen, hätte er sie nicht auf sich wirken lassen, so wäre auch nicht das Bewußtsein gekommen, daß in dem Moment, wo der physische Leib von uns abfällt, irgend etwas anderes geschieht, als eine Verwandlung im Leben: Das Bewußtsein des Todes wäre nicht gekommen. Denn wenn der Mensch weniger tief in die Materie heruntergestiegen wäre und die Fäden, die ihn mit dem Göttlich-Geistigen verknüpfen, behalten hätte, so würde er gewußt haben, daß mit dem Ablegen der physischen Hülle eben nur eine andere Form des Daseins beginnt. Er hätte es nicht angesehen als das Verlieren, als das Ende einer ihm lieb gewordenen Existenz. Also alle Dinge in der Entwicklung würden ein anderes Gesicht bekommen haben.

Weil der Mensch nun tiefer hinuntergestiegen ist in die Materie, hat er sich dadurch freier und unabhängiger gemacht, aber er hat auch seine Entwicklung zu einer mangelhafteren gemacht, als sie sonst geworden wäre.

Das alles, was im Menschen mangelhaft geworden ist, wird durch den Christus-Impuls wiederum geheilt. Nur verlange man nicht, daß es geheilt werde in einer wesentlich kürzeren Zeit, als es bewirkt worden ist, oder gar in einer sehr kurzen Zeit. Die Zeit von der lemurischen Epoche bis zum Mysterium von Golgatha ist eine sehr lange. Und langsam und allmählich, von Verkörperung zu Verkörperung wirkend, sind gekommen Egoismus, Irrtum und Lüge, Krankheit und Todesgefühl. Dadurch, daß der Christus-Impuls in der Menschheit wirkt, werden in einer aufsteigenden Entwicklung des Menschen diese Eigenschaften alle wiederum zurückverwandelt. Der Mensch wird sozusagen mit seinen Fähigkeiten, die er sich unten erworben hat, zurückgeführt in die geistige Welt. Es wird sogar schneller geschehen, als der Herunterstieg vor sich ging. Aber man verlange nicht, daß der Mensch in ein oder zwei Inkarnationen durch das, was er durch den Christus-Impuls aufnehmen kann, imstande sein wird, die Selbstsucht zu besiegen, sich in seinem Ätherleib so zu heilen, daß keine Gefahr für Lüge und Irrtum mehr da wären, noch daß er gar bis in seinen physischen Leib hinein gesundend wirken könne. Das muß langsam und allmählich geschehen. Aber es geschieht. Gerade so, wie durch den luziferischen Einfluß der Mensch heruntergeführt worden ist zu all den geschilderten Eigenschaften, ebenso wird er wieder heraufgeführt werden durch den Christus-Impuls: Es wird die Selbstsucht in Selbstlosigkeit umgewandelt werden, die Lügenhaftigkeit wird zur Wahrhaftigkeit, die Gefahr des Irrtums wird zur Treffsicherheit und zur Wahrheit des Urteils werden. Krankheit wird zu einer Unterlage für eine um so größere Gesundheit werden. Jene Krankheiten, die wir überwunden haben, werden die Keime zu einer höheren Gesundheit sein. Und wenn der Tod allmählich so begriffen wird, daß der Tod auf Golgatha in unserer Seele selber als das Vorbild des Todes wirkt, dann wird der Tod seinen Stachel verloren haben. Der Mensch wird wissen, warum er von Zeit zu Zeit seine physische Hülle ablegen muß, um immer höher zu dringen im Laufe der Verkörperungen. Was aber insbesondere durch den Christus-Impuls eingetreten ist, das ist, daß der Anstoß gegeben worden ist, etwas gut zu machen, was insbesondere die menschliche Erkenntnis und die menschliche Beobachtung, das Wissen des Menschen von der Welt betrifft.

Wir haben gesagt, daß der Mensch mehr in die Materie hineinverstrickt worden ist, sich in seinen drei Leibern mangelhafter gemacht hat, als er geworden wäre, wenn kein luziferischer Einfluß gekommen wäre. Dadurch ist der Mensch erfaßt worden von einem Antrieb, immer tiefer hinunterzusteigen in das materielle Dasein, immer gründlicher hineinzusausen in das bloße Materielle. Das ist ihm insbesondere mit seiner Erkenntnis passiert. Aber auch das ist langsam und allmählich gekommen. Nicht gleich, als der luziferische Einfluß gewirkt hat, ist der Mensch sozusagen so tief heruntergesunken, daß er nun alle Tore nach der geistigen Welt hinter sich zugeschlossen gehabt hätte. Der Mensch war noch lange in Verbindung mit der geistigen Welt, aus der er herausgewachsen ist, und in der er geblieben wäre mit seinem ganzen Wesen, wenn der luziferische Einfluß nicht gekommen wäre. Noch lange ist der Mensch dieser geistigen Welt teilhaftig geblieben, er fühlte noch lange, wie in seine feineren geistigen Instinkte hineinführten die Fäden der göttlich-geistigen Welt. Er handelte noch lange Zeit so, daß der Impuls nicht ein bloß menschlicher war, sondern ein solcher, wie wenn die Götter hinter ihm gewirkt hätten. Das war besonders in den ältesten Zeiten so. Erst langsam wurde der Mensch hineingestoßen in das Materielle, und damit verlor er dann auch das Bewußtsein des Göttlichen.

Diejenigen Geistesströmungen und Weltanschauungen in der Menschheit, die ein Wissen von diesen Dingen gehabt haben, haben daher immer darauf hingedeutet: Es hat ein altes Zeitalter gegeben, da war der Mensch zwar durch den luziferischen Einfluß schon etwas heruntergestoßen ins materielle Dasein, aber doch noch nicht so weit, als daß nicht dieser göttliche Einfluß noch stark in ihm gewirkt hätte. Dieses Zeitalter nannte man in alten Zeiten der Menschheitsentwicklung das goldene Zeitalter. Das ist nicht irgendein Phantasieprodukt, sondern der Ausdruck «goldenes Zeitalter» ist einfach ein Ausdruck, welchen diejenigen Bekenner gebraucht haben, die in älteren Zeiten noch eine Ahnung davon hatten, daß es so etwas wie eine Urzeit der Menschheit, wie sie eben geschildert wurde, einmal gegeben hat. Dieses goldene Zeitalter, das man mit einem Ausdruck der orientalischen Philosophie als «Krita Yuga» bezeichnet, hat verhältnismäßig von all den Zeitaltern, die wir noch charakterisieren werden, am längsten gedauert.

Nach diesem goldenen Zeitalter kommt dann das sogenannte silberne Zeitalter. Da war der Mensch schon mehr heruntergestoßen in die physische Welt. Aber alles geschah langsam und allmählich. Es waren auch jetzt noch nicht die Tore gegenüber der geistigen Welt ganz zugeschlossen. Der Mensch hatte noch starke Momente, in denen er wie in einem traumhaften Hellsehen die Götter treibend hinter seinen Instinkten merkte. In diesem silbernen Zeitalter könnte man den Menschen zwar nicht mehr einen Genossen der Götter nennen, aber er merkte noch, daß Götter hinter ihm standen. Dieses Zeitalter wird mit einem Ausdruck der orientalischen Philosophie auch «Treta Yuga» genannt.

Dann kommt ein Zeitalter, das geht hinein bis in unser nachatlantisches Zeitalter; es erstreckt seine letzten Ausläufer bis in historische Zeiten hinein, wo es noch immer Menschen gegeben hat, mit altem traumhaftem, dämmerhaftem Hellsehen begabt. Aber das Bewußtsein von der geistigen Welt, aus der der Mensch herausgewachsen war, war in diesem Zeitalter nur noch wie eine Art Erinnerung vorhanden, die geblieben war aus früheren Inkarnationen. Es war so, wie wenn Sie sich heute Ihre Jugend, Ihr Kindesalter und Ihr jetziges Lebensalter denken. In unserer Kindheit haben wir die Kindheitserlebnisse unmittelbar erlebt, so haben die Menschen noch im Treta Yuga unmittelbar die Impulse der göttlich-geistigen Welt erlebt. In dem Zeitalter, das dann darauf folgte, das man auch das eherne Zeitalter nennt, da war nur mehr etwas wie eine Erinnerung daran vorhanden. Man könnte es vergleichen mit der Art, wie der erwachsene Mensch seine Kindheit betrachtet. Denn Sie werden sagen: Ich habe meine Kindheit erlebt, es ist kein Traum! So war es in dem dritten Zeitalter, da wußten die Menschen: Wir haben in früheren Zeiten den Zusammenhang mit dem Göttlichen erlebt, aber jetzt ist er nur noch wie eine Erinnerung da. – Ich habe ausführlich gezeigt, wie in der altindischen Kultur die Erinnerung an die atlantische Zeit nachwirkte; daher konnten die heiligen Rishis, weil diese Erinnerung noch nachwirkte, auch gerade damals ihre großen göttlichen Lehren verkündigen. Dieses eherne Zeitalter wird in der orientalischen Philosophie als «Dvapara Yuga» bezeichnet.

Danach kommt ein Zeitalter, in dem die Erinnerung an die göttlich-geistige Welt verlorengeht, wo der Mensch mit seinem Erkennen und Anschauen ganz herausgesetzt wird in die physische Welt. Dieses Zeitalter beginnt etwa mit dem Jahre 3101 vor unserer Zeitrechnung, vor der Geburt des Christus Jesus, und man nennt es auch mit einem Ausdruck der orientalischen Philosophie «Kali Yuga», das finstere Zeitalter, weil da der Mensch alle Zusammenhänge mit der geistigen Welt verloren hat und vollständig zusammengewachsen ist mit der physischen Welt.

Ich bemerke ausdrücklich, daß ich diese Ausdrücke jetzt gebrauche für kleinere Zeitabschnitte; man kann sie aber auch ausdehnen über größere Zeiträume. Wir sprechen also von jener Auffassung der Zeitalter, wie sie zunächst den kleineren Zeitaltern entsprechen, und lassen Kali Yuga beginnen, wie es die indische Philosophie lehrt, mit dem Jahre 3101 vor unserer Zeitrechnung. Da bereitet sich jener Zeitraum vor, in welchem die Menschen angewiesen werden, nur dasjenige zu sehen, was wie ein Schleier, wie eine Hülle die göttlich-geistige Welt verbirgt, wo sie nur das äußere Physisch-Sinnliche wahrnehmen. Zwar sind im Anfange des Kali Yuga noch viele Menschen vorhanden, die hineinschauen oder sich erinnern können an die göttlich-geistige Welt, aber für die normale Menschheit beginnt jetzt die Zeit, wo sie nur noch Physisch-Sinnliches wahrnimmt.

Das war das Heruntersteigen der Menschen bis zu einem Kali Yuga. Das war die Zeit des tiefsten Herunterstieges. Da hinein mußte der Impuls fallen, wieder hinaufzusteigen. Daher kommt der Impuls wieder hinaufzusteigen, der Christus-Impuls, im Kali Yuga, im finsteren Zeitalter.

Dieser Christus-Impuls war vorbereitet worden durch die Jahve-oder Jehova-Religion. Denn durch die Jahve-Religion war der Mensch aufmerksam gemacht worden auf das Mangelhafte seiner früheren Entscheidungen. Während des Zeitraumes von der alten lemurischen Zeit bis zur Verkündigung auf dem Sinai haben wir ja jenes Zeitalter, wo der Mensch zwar zu einem Selbstentscheider wird über Gut und Böse, wo er auf der anderen Seite aber auch in Irrtum verfällt über das Böse und Gute und immer mehr dasjenige auf die Erde bringt, was in der Bibel die Sünde genannt wird. Da frißt sich die Sünde ein in das Erdenleben. Der Mensch hat sich die Gottgleichheit angeeignet, aber er hat sie für Eigenschaften in Anspruch genommen, die durchaus nicht reif waren für die Gottgleichheit. Was mußte nun geschehen?

Zunächst mußte dem Menschen gezeigt werden, was die Gottheit von ihm verlangt, wenn er ein selbstbewußtes Ich werden sollte. Und das wurde ihm gezeigt durch die Verkündigung auf dem Sinai, durch die Verkündigung der Zehn Gebote. Da hörten die Menschen durch Moses: Was du bisher entwickelt hast über Gut und Böse, das ist mangelhaft. Ich zeige dir, wie die Gesetze lauten würden, wenn du nicht heruntergestiegen wärest und für deine mangelhaften Eigenschaften die Entscheidung über Gut und Böse in Anspruch genommen hättest! – So steht das Gesetz vom Sinai, der Dekalog, zu dem, was der Mensch geworden war, so daß ihm heruntertönt aus den geistigen Welten, was das Richtige wäre gegenüber dem, was er als mangelhaft ausgebildet hat. Als ein ehernes Gesetz stehen die Zehn Gebote da, als eine Fackel, welche dem Menschen anzeigt alles, was er nicht geworden ist. Er soll sich diesem Gesetz unterwerfen mit all dem, was er geworden ist. Der Mensch konnte sich diese Zehn Gebote zunächst nicht selbst geben, weil er in seinem Entscheiden, in seiner eigenen Gesetzgebung mangelhaft geworden war. Daher mußten ihm die Zehn Gebote durch einen Inspirierten, durch Moses gegeben werden, das heißt durch göttliche Eingebung von oben. Aber sie waren so gegeben, daß sie alle auf das Ich gerichtet waren. Sie sagten dem Menschen, wie sich ein Ich benehmen muß, wenn es das Ziel der Menschheit erlangen soll.

In dem Vortrag über die Zehn Gebote des Moses, am 16. November 1908, ist das im einzelnen ausgeführt worden. Da ist gezeigt worden, wie das Ich zunächst sich benehmen soll zu den geistigen Welten, in den ersten drei Geboten, wie es sich verhalten soll zu den Mitmenschen in bezug auf seine Taten und Handlungen, in den nächsten Geboten und wie es sich benehmen soll in bezug auf seine Empfindungen und Gefühle, in den letzten Geboten. Die Erziehung, die Kultur des Ich wird befohlen in den Zehn Geboten. Das war die Vorbereitung dafür, daß das Ich in seinem Innersten lernen sollte, sich selber den Impuls zu geben, nachdem es in das Kali Yuga, bis in das finstere Zeitalter hinuntergestiegen ist. Es sollte den Menschen zunächst vorgeführt werden ein Gesetz von oben. Was das Gesetz des eigenen Ich werden sollte, das konnte es aber nur werden, wenn das Ich das große Vorbild von Golgatha in sich aufnahm, wenn das Ich sich sagte: Wenn ich in meine Seele ein solches Denken aufnehme, wie das Wesen gedacht hat, das sich auf Golgatha geopfert hat, wenn ich ein solches Fühlen in mich aufnehme, wie das Wesen gefühlt hat, das sich auf Golgatha geopfert hat, wenn ich ein solches Wollen in mich aufnehme, wie das Wesen gewollt hat, das sich auf Golgatha opferte, dann wird mein Wesen in sich selber die Entscheidung finden, wird die Gottgleichheit immer mehr und mehr entwickeln, wird nicht mehr bloß zu folgen haben einem äußeren Gesetz, den Zehn Geboten, sondern einem inneren Impuls, seinem eigenen Gesetz!

So hat Moses zunächst das Gesetz hingestellt vor den Menschen, der Christus aber das Vorbild und die Kraft, welche die Seele aufnehmen sollte, um sich zu entwickeln. Daher mußte alles bis zur Innerlichkeit vertieft werden durch den Christus Jesus, alles bis in die tiefste Seele hineingetragen werden, was an geistigen Impulsen da war, bis in das Ich selber. Das konnte nur geschehen, wenn folgendes gedacht wurde, wenn der Christus Jesus folgendes als einen Impuls ausstreute.

Der Mensch ist heruntergestiegen bis in das finstere Zeitalter, bis in das Kali Yuga. Vor diesem finsteren Zeitalter haben die Menschen hineingesehen im dumpfen, dämmerhaften Hellsehen in die geistige Welt. Da haben sie sich nicht bloß der Instrumente des physischen Leibes bedienen können, sondern indem sie durch ihre Augen, Ohren und so weiter die physische Welt beobachtet haben, ist ihnen überall ein Geistiges erschienen: um Blumen, Pflanzen, Steine und so weiter. Diese Menschen waren reich in bezug auf ihre Beobachtung an Geist. Der Geist wurde ihnen in alten Zeiten geschenkt. Jetzt, in dem finsteren Zeitalter, sind sie Bettler geworden in bezug auf den Geist, denn der Geist wurde ihnen jetzt nicht mehr geschenkt. Arm sind sie geworden an

Geist. Immer mehr und mehr war das Kali Yuga herangekommen, wo die Menschen sich sagen mußten: In den alten Zeiten war es anders; da wurde der Geist den Menschen noch geschenkt, da konnten sie hinaufschauen in eine geistige Welt, da waren sie reich an Geist, da waren ihnen die Reiche der Himmel zugänglich. Jetzt aber sind die Menschen heruntergedrängt worden in die physische Welt. Geschlossen haben sich die Tore zu der geistigen Welt vor den menschlichen Sinnen, und der physische Leib eröffnet keine Aussicht in die Reiche der Himmel.

Aber der Christus konnte sagen: Ergreift das Ich da, wo ihr es jetzt ergreifen sollt, dann sind die Reiche der Himmel nahe herbeigekommen. In eurem Ich werden sie aufgehen! Wenn auch eure Augen euch hinter dem äußeren sinnlichen Licht verschließen das geistige Licht, wenn auch eure Ohren euch hinter dem physischen Ton den geistigen verschließen, wenn ihr zu dem Christus selber euch erhebt, werdet ihr in euch finden die Reiche der Himmel! – Unselig waren die, welche durch das finstere Zeitalter arm geworden waren, Bettler geworden waren um Geist. Selig konnten sie jetzt werden, nachdem der Impuls gegeben war, daß bis in das menschliche Ich hinein der Christus dringen konnte, diejenige Wesenheit, welche ihnen Kunde geben konnte von dem Geistigen, von den Reichen der Himmel. So ist in bezug auf die Verarmung des Menschen an Geist die höchste christliche Verkündigung die: Selig können von jetzt ab sein diejenigen, die da Bettler sind um Geist, die nicht mehr den Geist geschenkt bekommen durch eine alte Anschauung; selig können sie doch werden von jetzt ab, wenn sie den Christus-Impuls aufnehmen; dann können ihnen selber werden durch die Entwicklung ihres Ich die Reiche der Himmel!

Gehen wir zum Ätherleib, der der Bildner des physischen Leibes ist. Was ist in ihn hineingekommen? – Im physischen Leibe drückt sich die Krankheit nur aus. Das Leiden selbst ist zuerst im Ätherleibe, und das Leid im Ätherleibe drückt sich in einer späteren Inkarnation im physischen Leibe in der Krankheit aus. Jetzt aber ist etwas in die Welt gekommen, so hatte der Christus Jesus zu sagen, wodurch im Innern ein Impuls aufgehen kann, um nach und nach hinwegzuräumen das Leid aus dem Ätherleib. Selig können jetzt, wenn sie den Christus-Impuls in sich aufnehmen, diejenigen werden, die das Leid in ihrem Ätherleibe verankert haben; denn es ist etwas in ihnen, wodurch sie das über das Leid Hinausführende, den Innentrost finden, den inneren Paraklet, den inneren Tröster finden!

Und was war durch den luziferischen Einfluß aus dem astralischen Leib geworden? Er war mangelhafter geworden, als er früher war. Er hat die Möglichkeit, die wir als eine gute Eigenschaft haben schildern können, empfangen, für das Gute und Große sich zu entflammen, für die hehren Güter des Wahren, Schönen und Guten Enthusiasmus zu haben. Aber er hat dafür auch das andere in Kauf nehmen müssen: für die Güter der Erde in Sympathie oder Antipathie in weitgehendstem Maße sich zu entflammen. Wer den Christus-Impuls aufnimmt, der wird lernen, dieses, was seinen physischen Leib in Emotion versetzt gegenüber den Gütern der Erde, den astralischen Leib, zu sänftigen, ihn unter die Gewalt des Geistigen zu stellen, und dadurch wird er glücklich oder selig werden. Selig wird der werden, der seinen astralischen Leib gleichmütig macht in bezug auf die Erdendinge; dadurch aber werden sie ihm gerade zufallen. Denn wenn er in Emotion, in Sympathie oder Antipathie für die Erdendinge entflammt wird, dann verscherzt er sich gerade das, was sie ihm werden können. Wenn der astralische Leib aber unter die Gewalt des Geistigen kommt, wenn man gleichmütig wird gegenüber den Erdendingen, dann wird einem das Erdenreich zum Lose gegeben!

Steigen wir auf zu dem, was im astralischen Leib als Empfindungsseele wirkt. Darinnen haben wir noch ein in dumpfer Weise waltendes Ich, das noch nicht so recht herausgekommen ist, und das daher noch in Leidenschaften den schlimmsten Egoismus entfaltet. So lange das Ich noch so recht in der Empfindungsseele drinnensteckt, entfaltet es den selbstsüchtigsten Egoismus. Es ist dann des Wunsches bar, den anderen Menschen dasselbe zukommen zu lassen, was ihm selber zukommt. Der Egoismus trübt den Sinn für Gerechtigkeit, weil das Ich alles selber haben will. Wenn aber jetzt das Ich sich in die Nachfolge des Christus-Impulses stellt, dann wird es zu einem solchen, das da dürstet nach Gerechtigkeit unter allen Wesen, die um uns herum sind. Selig werden diejenigen sein, welche da dürsten und hungern nach dem Gerechtigkeitsgefühl in ihrer Empfindungsseele, denn sie werden gesättigt werden. Sie werden imstande sein, auf der Erde und auf der ganzen Welt solche Zustände herbeizuführen, die in dem richtigen neuen Geist aus den Tiefen der Seele heraus solchen Zuständen der Gerechtigkeit entsprechen!

Steigen wir weiter herauf zur Verstandes- oder Gemütsseele. Sie ist dasjenige Glied, welches das Geltenlassen von Mensch neben Mensch noch mehr bewirkt, und es nicht nur als ein Gerechtigkeitsgefühl bewirkt wie die Empfindungsseele, sondern als ein Mitgefühl, als ein wirkliches Mitfühlen von Leid und Lust des anderen. Derjenige, der den Christus-Impuls aufnimmt, erlangt ein Gefühl nicht nur für das, was er fühlt, sondern auch für das, was das andere Ich fühlt; er taucht unter in das andere Ich und wird dadurch beseligt in seiner Verstandes- oder Gemütsseele. Beseligt ist der, der da Mitgefühl entwickelt, denn nur dadurch, daß er sich in die Seele des anderen hineinfühlt, regt er auch die andere Seele an, sich in ihn hineinzufühlen. Er wird Mitgefühl bei der anderen Seele erlangen, wenn er auch Mitgefühl ausstrahlt. Selig sind die Mitfühlenden, denn mit ihnen wird gefühlt werden!

Damit sehen Sie schon, wie wir jetzt, nachdem wir einige Zeit vorwärtsgeschritten sind in der Betrachtung dieser Zusammenhänge, in ganz anderer Weise imstande sind, die Worte des Matthäus-Evangeliums, die gewöhnlich in der «Bergpredigt» zusammengefaßt werden, aus der Tiefe der menschlichen Natur und Wesenheit heraus zu verstehen. Jeder Satz der Bergpredigt bezieht sich auf eines der neun Glieder des Menschen. Das soll das nächste Mal noch weiter ausgeführt werden. Die Bergpredigt soll durchsichtig vor unser geistiges Auge treten als diejenige Tat des Christus Jesus, durch die er das, was im alten Gesetz des Moses enthalten war, ganz verinnerlicht hat, ganz zu einem inneren Impuls gemacht hat, wodurch das Ich des Menschen wirksam wird, wie es wirksam werden muß für alle neun Wesensglieder des Menschen. Denn wenn das Ich den Christus-Impuls aufnimmt, wirkt es auf alle neun Wesensglieder des Menschen. So sehen wir, wie tief wahr das ist, was hier schon einmal angedeutet worden ist, daß der Christus im Kali Yuga das Ich des Menschen fähig gemacht hat, in der physischen Welt etwas zu finden, was den Menschen hinaufführt in die geistige Welt, in die Reiche der Himmel. Das Ich des Menschen hat der Christus zu einem Anteilnehmer an der geistigen Welt gemacht.

Auf dem alten Saturn war der physische Leib unmittelbar aus der geistigen Welt herausgenommen. Er war noch ganz in der geistigen Welt drinnen, weil damals der physische Leib geistiger noch war und nicht ein Bewußtsein hatte, so daß er sich hätte trennen können von den geistigen Welten. Auf der Sonne war der Ätherleib, auf dem Monde der astralische Leib dazugekommen und auf der Erde erst war die Möglichkeit gegeben, durch die Ich-Entwicklung sich loszutrennen von dem Mutterschoß des Göttlich-Geistigen in der Welt. Und die Folge war, daß dieses Ich wieder zurückgeführt werden mußte, daß der Gott heruntersteigen mußte bis zum physischen Plan und auf dem physischen Plan dem Menschen zeigen mußte, wie er den Weg zu den Reichen der Himmel wieder zurückfinden kann.

Was durch den Christus-Impuls geschah, war somit ein wichtigstes Ereignis. Fragen Sie aber jetzt einmal: Haben es alle Menschen dazumal gewußt, die zu der Zeit gelebt haben, als der Christus Jesus auf Erden wirkte, daß da ein so wichtiges Ereignis vorgeht? Bedenken Sie, daß der große Geschichtsschreiber

Tacitus von den Christen wie von einer fast unbekannten Sekte spricht! Hundert Jahre später erzählt er von den Christen nur, es käme in einer Seitenstraße in Rom eine Sekte auf, die von einem gewissen Jesus angeführt würde, die treibe da ihr Wesen. Es glaubten ja lange Zeit nach dem Christus-Ereignis noch viele Menschen in Rom, daß der Jesus ihr Zeitgenosse sei, als wenn er jetzt eben aufgetreten wäre. Kurz, es kann Wichtiges vorgehen in der Menschheitsentwicklung, ohne daß die Zeitgenossen etwas davon merken. Wichtigstes könnte sogar vorübergehen, wenn die Menschen nicht geneigt wären, sich Verständnis dafür zu verschaffen! Dann aber würde die Menschheit dieses Wichtigste nicht erleben, würde in bezug auf dieses Wichtigste verdorren und veröden. – «Ändert den Sinn, die Reiche der Himmel sind nahe herbeigekommen!» so war die Verkündigung des Täufers Johannes und des Christus Jesus selber. Damit wiesen sie hin für die, welche Ohren hatten zu hören, daß ein Wichtigstes geschähe. Daß man von einem Wichtigsten in der Welt nichts weiß, das ist kein Beweis dafür, daß es nicht da ist.

Diejenigen, welche heute die Zeichen der Zeit zu deuten haben, die wissen, was heute geschieht, die müssen auf ein Ereignis – wenn auch nicht von schlagendster Bedeutung, so aber doch auf ein wichtiges Ereignis – hinweisen. Wahr ist es, es entwickelt sich etwas von unendlicher Bedeutung gerade in unserer Zeit! Und während dazumal auf den Christus hingewiesen wurde von dem Johannes, und wenn von ihm selber hingewiesen wurde auf das Herankommen der Reiche der Himmel, auf das Ich, so muß heute hingewiesen werden auf ein anderes wichtiges Ereignis.

Der Christus ist ins Fleisch nur einmal heruntergestiegen auf die Erde. Im Fleische hat er die Zeit im Beginne unserer Zeitrechnung auf der Erde verweilt. Im Fleische werden die Menschen den Christus als physisch verkörperten Menschen nach der weisen Führung unserer Weltenentwicklung nicht wiederum sehen, aber auch nicht wieder zu sehen brauchen. Denn im Fleische wird der

Christus nicht wiederkommen. Dennoch müssen wir sprechen von einer neuen Beziehung der Menschen zu dem Christus. Warum? Weil dasjenige Zeitalter, das wir das finstere nennen, das Kali Yuga, abgelaufen ist gerade in unserer Zeit mit dem Ende des 19. Jahrhunderts, und weil mit dem Beginne des 20. Jahrhunderts ein neues Zeitalter beginnt, wo sich neue Fähigkeiten der Menschen vorbereiten, jene Fähigkeiten, welche in dem finsteren Zeitalter verlorengegangen sind. Langsam und allmählich bereiten sich neue Fähigkeiten vor. Bis zu dem Grade werden sich neue Fähigkeiten vorbereiten, daß einzelne Menschen da sein werden, welche dieselben als eine natürliche Anlage haben werden. Diese Fähigkeiten werden sich bei einer Anzahl von Menschen besonders zeigen zwischen den Jahren 1930 und 1940, und durch diese neuen Fähigkeiten werden neue Beziehungen zu dem Christus bei einer Anzahl von Menschen eintreten.

Damit ist auf ein Wichtigstes in der Menschheitsentwicklung hingedeutet. Und Geisteswissenschaft ist dazu da, den Menschen das Verständnis zu eröffnen für diese neuen Fähigkeiten, die sich in der Menschenwelt zeigen werden. Nicht weil einzelne Menschen Lust und Sympathie haben, die Ergebnisse der Geistesforschung zu verbreiten, gibt es eine Geisteswissenschaft in der Welt, sondern weil Geist-Erkenntnis notwendig ist, wenn die Menschen verstehen wollen, was in der ersten Hälfte unseres Jahrhunderts geschieht. Denn nur durch das, was eine Geisteswissenschaft dem Menschen geben kann, wird man fähig werden zu begreifen, was in der ersten Hälfte unseres Jahrhunderts geschehen wird. Und wenn man fähig werden wird, dasjenige im Geiste zu erkennen, was dann geschehen wird, dann wird man auch imstande sein, die Ereignisse nicht zu verwechseln mit ihren irrtümlichen Darstellungen. Denn dadurch, daß der Materialismus sich immer mehr verbreitet, verbreitet er sich auch in die geistigen Weltanschauungen hinein, und da wirkt er besonders schlimm. Da könnte er dazu führen, daß die Menschen nicht verstehen werden dasjenige, was im Geiste erfaßt werden soll, auch wirklich im Geiste zu erfassen, daß sie es suchen werden in der materiellen Welt. Und weil eine neue Beziehung zu dem Christus eintreten soll in der ersten Hälfte unseres Jahrhunderts, so wird in den nächsten Jahrzehnten, bis das Ereignis geschieht, immer wieder betont werden, daß falsche Messiasse, falsche Christusse sich finden werden, die pochen werden auf diejenigen, welche auf den Gebieten der Geisteswissenschaft nur Materialisten werden können, und die sich eine neue Beziehung zu dem Christus nur so vorstellen können, daß sie ihn im Fleische vor sich haben werden. Eine Anzahl falscher Messiasse wird das benutzen und sagen: Der Christus ist im Fleische wieder da!

Die Beziehungen aber, welche rein durch die menschlichen Fähigkeiten zu gewinnen sein werden für die erste Hälfte unseres Jahrhunderts, die hat die anthroposophische Weisheit vorzubereiten. Damit wächst die Verantwortlichkeit des anthroposophischen Strebens ins Ungeheure, indem die Geisteswissenschaft auf ein Ereignis vorbereitet, das kommen wird und das entweder, wenn die Geisteswissenschaft sich in die Menschenseelen einlebt, verstanden werden wird und dann für die weitere Menschheitsentwicklung fruchtbar werden wird, oder das ohne Verständnis an der Menschheit vorbeigehen wird, wenn sich die Menschen weigern werden, das Instrument anzunehmen, durch welches dieses Ereignis wird begriffen werden können: das Instrument der Geisteswissenschaft. Wenn aber die Menschen die Geisteswissenschaft so weit zurückweisen würden, daß nichts bleiben würde von ihr, dann würden sie auch nicht wissen, daß dieses Ereignis da ist, oder würden es falsch deuten. Die Frucht dieser Ereignisse würde für die Menschenzukunft verlorengehen und die Menschheit würde dadurch in ungeheures Elend gestürzt werden.

Damit ist hingedeutet auf eine neue Beziehung der Menschen zu dem Christus als auf etwas, was dem Christus in einer verhältnismäßig kurzen Zeit in der Menschenseele entgegenkeimt.

VIERTER VORTRAG

BERLIN, 8. FEBRUAR 1910

Der Gegenstand unserer heutigen Betrachtung ist ja schon das letzte Mal angedeutet worden. Wir haben heute noch einmal hinzuweisen auf jene bedeutsame Urkunde, welche in den Sätzen der Bergpredigt enthalten ist, um dann von dieser Urkunde aus auf unsere Gegenwart und auf die nächste Zukunft der Menschheit einen Blick zu werfen.

Die Bergpredigt des Matthäus-Evangeliums kann nur verstanden werden, wenn man sie in ihrem ganzen Geiste erfaßt und sie begreift aus dem Geiste der Entwicklung der ganzen Menschheit. Wenn wir noch einmal kurz überblicken, was schon das letzte Mal vor unsere Seele getreten ist, daß das alte dämmerhafte Hellsehen des Menschen allmählich zurückgegangen ist, daß die menschlichen Fähigkeiten, die menschliche Erkenntnis immer mehr und mehr sich beschränken mußte auf den physischen Plan und daß aus diesem Grunde der Zusammenhang des Menschen mit den geistigen Welten aus einem Ereignis des physischen Planes heraus begründet werden mußte, wenn wir das alles zusammenhalten, werden wir verstehen, daß jenes göttlich-geistige Wesen, das wir als das hohe Sonnenwesen, als den Christus charakterisiert haben, in einer Zeit, als die Menschen in ihrer Wahrnehmung auf den physischen Plan beschränkt waren, sich eben in einem physischen Leib verkörpern mußte. Das geschah aus dem Grunde, damit man erzählen konnte sozusagen das Wesentlichste des Lebens dieser göttlich-geistigen Wesenheit mit Ausdrücken, mit Worten, die auf den physischen Plan bezogen sind. Denn nicht allein darauf kommt es an, daß jene im Verhältnis zur ganzen Menschheit Wenigen, die eine leibliche Anschauung und Beobachtung von dem Christus Jesus gewinnen konnten, diese Anschauung auf dem physischen Plane hatten, sondern darauf kommt es an, daß dasjenige, was man von dem Christus Jesus erzählen kann, solche Darstellungen sind, die Ereignisse des physischen Planes wiedergeben.

Denn von allem, was man früher über andere göttlich-geistige Wesenheiten zu erzählen hatte, konnte man nicht sagen, daß die Erzählung, welche die Worte des physischen Planes nimmt, sich deckt mit den wirklichen Ereignissen. Alles, was auf die höchsten göttlichen Wesenheiten bezogen erzählt wurde, muß so aufgefaßt werden, daß die Worte nur als Hindeutungen gelten konnten, daß aber das, was geschehen ist, nur verstanden werden kann von demjenigen, der die Worte anwenden kann auf die Vorgänge der höheren Plane. Das Leben des Christus Jesus aber, wie es sich abgespielt hat, kann jeder verstehen, der auch nur imstande ist, das, was erzählt wird, anzuwenden auf Vorgänge des physischen Planes. Und in dieser Richtung kann man sagen: Die Christus-Wesenheit ist heruntergestiegen bis in eine physische Verkörperung, vollständig bis zum Leben in einem physischen Leibe. Das mußte also geschehen, weil die menschlichen Fähigkeiten dazumal diesen Charakter trugen, weil in der damaligen Zeit sich das menschliche Ich als solches seiner Wesenheit bewußt werden sollte und mußte, wenn die Entwicklung der Menschheit in der entsprechenden Weise vor sich gehen sollte.

Wir haben schon gesehen, daß der bedeutendste Vermittler des Ereignisses von Palästina aus der Reihe der älteren Individualitäten der Zarathustra oder Zoroaster war. Damit er aber das werden konnte, was er in jener Zeit werden mußte, dazu mußte ein Körper geschaffen werden, der wie einen Extrakt in sich selber alles enthielt, was einem ganzen Volke gegeben war, einem solchen Volke, das der Menschheit diejenigen Fähigkeiten zu geben hatte, welche durch physische Vererbung vermittelt werden müssen. Das haben wir als das Wesentliche des althebräischen Volkes von Abraham bis zu Jesus anzusehen, daß von Generation zu Generation sich diejenigen Fähigkeiten entwickeln mußten, die von Vater auf Sohn, von Sohn auf Enkel und so weiter sich immer steigernd, vererbt werden mußten, damit sie dann in ihrer höchsten und brauchbarsten Ausbildung erschienen in jenem Leibe, der eben vererbt war von Abraham an über Salomo herunter auf den Jesus, der der Träger des Zarathustra war. Es wird noch viel, viel dazu gehören, daß wir in der Lage sein werden durch unsere Betrachtungen, die hier in der Zukunft noch gepflegt werden, die ganze Mission des althebräischen Volkes in allen Einzelheiten zu verstehen. Denn dazu gehört, daß wir wirklich nach und nach verstehen lernen werden, wie von Geschlecht zu Geschlecht immer mehr veredelt wurden jene Eigenschaften, die der Körper des Jesus brauchte. Es mußte dieser Körper zu seinem welthistorischen Beruf so fähig wie möglich gemacht werden. Das war nur dadurch möglich, daß alles, was zu diesem Leibe des salomonischen Jesus gehörte, in bezug auf jene Fähigkeiten selber so vollkommen war als möglich.

Nun wissen wir, daß an jedem menschlichen Leibe tätig waren seit uralten Zeiten die vier Glieder der menschlichen Natur, der physische Leib, der Ätherleib, der Astralleib und das Ich und daß in die Zukunft hinein tätig sein werden Geistselbst, Lebensgeist und Geistesmensch. Aber wir dürfen das nicht so ansehen, als ob da plötzlich etwa die Tätigkeit zum Beispiel des Astralleibes aufhörte und gar nicht sich vorbereiten würde das Spätere in dem Früheren. In gewisser Beziehung muß sich alles Spätere im Früheren vorbereiten. Der Mensch kann zwar aus eigener Kraft heute nicht so an sich arbeiten, daß zum Beispiel auch der Lebensgeist in ihm besonders zum Ausdruck käme; aber andere, göttlich-geistige Wesenheiten arbeiten mit einer solchen Tätigkeit im Menschen, die eine Tätigkeit des Lebensgeistes genannt werden kann. Das gilt auch in bezug auf den Geistesmenschen. Es mußten also alle sieben Glieder des Leibes des Jesus von Nazareth oder vielmehr der menschlichen Organisation des Jesus von Nazareth in bezug auf die Eigenschaften, die in Betracht kamen, veredelt werden. Dazu brauchte es einer ganz besonderen Vorbereitung. Diese Vorbereitung soll uns heute zunächst eine Ahnung davon verschaffen, welche Geheimnisse in der Entwicklung der Menschheit und der Erde eigentlich verborgen sind.

Es mußten die Keime zu jener Vollkommenheit des Leibes des Jesus von Nazareth von langer Hand her vorbereitet werden. Wir haben gesehen, wie in der Zeit von Abraham bis zu Salomo oder David die erste Periode gerade so arbeitete an den Geschlechtern, wie sonst am einzelnen Menschen in dem Zeitraum von der Geburt bis zum Zahnwechsel gearbeitet wird am Physischen. Die Arbeit wurde nun so verrichtet von den hinter der Entwicklung tätigen Kräften, daß tatsächlich in einer gewissen Zeit ein Vorfahre des Jesus da war, der schon die Anlage enthielt zu den möglichst vollkommensten Fähigkeiten, die dann herauskamen in dem Leibe, der der Träger des Zarathustra wurde. Also in einem Vorfahren des Jesus war sozusagen die Anlage vorhanden zu einer richtigen Ausbildung aller sieben Glieder der menschlichen Natur. Mit anderen Worten: Wenn wir in der Vorfahrenreihe des Jesus von Nazareth heraufgehen, müssen wir einen solchen Vorfahren finden, der die Keime der siebengliedrigen Menschennatur, wenn auch nicht so vollkommen ausgebildet wie in dem Leibe des Jesus von Nazareth, so doch in der Anlage zu dieser Vollkommenheit, enthielt. Wenn das auch nicht in der äußeren Überlieferung ausgedrückt ist, die althebräische Geheimlehre kannte diese Tatsache. Sie wußte, daß einmal ein Mensch gelebt hat, von dem man sagen muß, in ihm wirkten die sieben menschlichen Glieder so, daß man sie als ganz besonders bemerkenswerte zu bezeichnen hat. So deuten tatsächlich die Eingeweihten auch der althebräischen Geheimlehre auf einen Vorfahren des Jesus von Nazareth hin, bei dem sie sich bewußt waren: Wir müssen in diesem Vorfahren die sieben menschlichen Glieder in einer ganz besonderen Weise ansehen.

Und so nannten sie denn bei diesem Vorfahren das Ich «Itiel», um damit anzudeuten, daß in diesem Vorfahren das Ich jene Kraft haben mußte – denn das Wort «Itiel» würde ungefähr heißen «Kraftbesitzer» –, jene Kraft, jene Kühnheit haben mußte, die, wenn sie sich durch die Geschlechter vererbte, der richtige Ich-Träger werden konnte für jene hohe Wesenheit, die dann wiedererscheinen sollte in dem Jesus von Nazareth. So nannten sie den Astralleib jenes Vorfahren «Lamuel»; das würde ungefähr bezeichnen einen astralischen Leib, der so entwickelt ist, daß er das Gesetz, die Gesetzmäßigkeit nicht allein außerhalb seiner, sondern als in sich tragend fühlt. So nannten sie den Ätherleib dieses Vorfahren «Ben Jake»; das würde heißen: ein solcher Ätherleib, der möglichst in sich durchgearbeitet worden ist und in gewisser Vollkommenheit Gewohnheiten in sich aufnehmen kann. Und den physischen Leib dieses Vorfahren nannten sie «Agur», aus dem Grunde, weil die physische Tätigkeit, die Fähigkeit dieses Vorfahren auf dem physischen Plan darinnen bestanden hat, daß er das, was an alten Überlieferungen vorhanden war, sammelte; denn «Agur» würde heißen «der Sammler». Wie dann durch das, was im Leibe des Jesus vorgegangen ist, gesammelt wurden alle alten Lehren der Welt, so hat sich das schon als Anlage bei diesem Vorfahren durch das Sammeln der alten Urkunden entwickelt. Und was wie Atma oder Geistesmensch in diesem Vorfahren arbeitete, das nannten sie, weil mit einer besonderen Sorgfalt sozusagen die Liebe der göttlich-geistigen Wesenheiten an dieser Anlage zum Geistesmenschen arbeitete, mit einem Wort, das ungefähr «der Liebling Gottes» bedeuten würde, «Jedidjah». Und was als Buddhi oder Lebensgeist hineinwirkte in diesen Vorfahren, wovon sie sagten: In diesem Vorfahren muß ein solcher Lebensgeist wirken, daß er wie ein Lehrer des ganzen Volkes wirken kann, damit sich ausgießen kann, was dieser Lebensgeist enthält, auf das ganze Volk –, das bezeichneten sie als «Kohelet». Und endlich nannten sie Manas oder Geistselbst dieses Vorfahren – weil sie sagten, ein solches Geistselbst muß die Anlage in sich enthalten, innerlich abgeschlossen zu sein, in sich im Gleichgewicht zu sein –, mit einem Wort, das da bedeutet «inneres Gleichgewicht», «Salomo».

So hat denn dieser Vorfahre, den man gewöhnlich nur kennt unter dem Namen «Schelomo», «Schlomo» oder «Salomo», die drei Hauptnamen: Jedidjah, Kohelet, Salomo; und er hat die vier Nebennamen Agur, Ben Jake, Lamuel, Itiel, weil diese Namen die vier Hüllen bedeuten, während die drei ersten Namen das göttliche Innerliche bezeichnen. Sieben Namen hat für die althebräische Geheimlehre diese Persönlichkeit.

Und wenn später sozusagen die Menschen, auch gewisse Sekten unter den Juden selber, nicht zufrieden waren mit Salomo – ob mit Recht oder Unrecht, soll hier nicht untersucht werden –, so kann das dadurch erklärt werden, daß in diesem Salomo hohe, ganz große, bedeutsame Anlagen waren, die sich zu dem angegebenen Ziel dann weiter verpflanzen sollten, und daß der einzelne Mensch auf einer bestimmten Stufe der Entwicklung in seinem äußeren Leben durchaus nicht immer das darzustellen braucht, was er als Anlage vererben soll auf seine Nachkommen, daß er vielleicht gerade deshalb, weil hohe Kräfte in ihm sind, mehr der Möglichkeit ausgesetzt ist, gegen die Richtung solcher Kräfte zu fehlen, als ein anderer, der solche Kräfte nicht in sich hat. Was man als moralische Fehler bei Salomo bemerken würde, das würde nicht in Widerspruch stehen mit dem, was die althebräische Geheimlehre in Salomo sieht, sondern es würde sich sogar im Gegenteil gerade aus dieser Tatsache heraus das Fehlerhafte an Salomo erklären.

So blickte die althebräische Geheimlehre auf einen Vorfahren des Jesus hin, von dessen Bedeutung sie in bezug auf die ganze Mission des althebräischen Volkes sich vollständig bewußt war. Alles, was in dieser Persönlichkeit veranlagt war, verpflanzte sich dann weiter herunter und erschien in der Essenz dann, als es im weltgeschichtlichen Verlauf gebraucht worden ist. Das ist etwas,

was uns eine Ahnung verschaffen soll, welche gesetzmäßigen Geheimnisse sich hinter der Entwicklung der Menschheit verbergen.

Wenn nun so die Mission des althebräischen Volkes vornehmlich darinnen bestand, daß gleichsam hineingeimpft wurde in das Blut, in die physische Vererbung, was durch dieses Volk an Fähigkeiten der Menschheit aus den geistigen Welten gegeben werden sollte, so war eben zur Zeit des Auftretens des Täufers Johannes und des Jesus von Nazareth die Menschheit so weit, daß sie durch diese veredelten Eigenschaften aufnehmen sollte den Impuls, wiederum hinaufzusteigen in die geistige Welt, mit anderen Worten, aufnehmen sollte den Christus-Impuls. Deshalb wurde das gesagt, um anzudeuten, was alles für Veranstaltungen notwendig waren, um innerhalb der physischen Menschheitsentwicklung eine solche Hülle zu schaffen, die umschließen durfte das Christus-Wesen.

Nun fühlen und empfinden wir vielleicht auch das Radikale des Fortschrittes für die Menschheitsmission durch diese bis ins Physische herabgetragene göttliche Mission des jüdischen Volkes, fühlen, wie bis in die physische Materie das Göttliche am tiefsten herabgetragen worden ist, damit von diesem Wendepunkt aus die Menschheit um so mehr wieder hinaufsteigen kann von dem verfeinerten Physischen ins Geistige. Der Aufstieg ins Geistige mußte eben von jener Zeit an beginnen. Dazu aber mußte nunmehr ein solcher Impuls der Menschheit gegeben werden, der gewissermaßen alles, was die Menschheit wollen soll und erwarten soll von der Weltentwicklung, wirklich in jenes tiefste Zentrum des Menschen legte, das mit dem Ich zu bezeichnen ist. In das tiefste Innere des Menschen sollte der Impuls durch Christus hineingehen. Aus dem Leibe des Christus heraus sprach ein solcher Impuls, der an das tiefste Wesen der menschlichen Natur appellierte. Was also sollte unter diesem Impuls anders werden?

Bevor dieser Impuls gekommen war, war es so, daß die Menschen das, was sie am meisten beglückte, am meisten selig oder gotterfüllt machte, in gewisser Weise von außen empfingen oder erwarteten. Wenn man nicht die Weltgeschichte bloß nach den äußeren Urkunden betrachtet, sondern nach dem, was die geistigen Urkunden geben können, so muß man sich sagen: Wir blicken zurück in alte Zeiten, wo der Mensch dadurch in das Reich der geistigen Wesenheiten aufstieg, daß in ihm, sei es mehr oder weniger normal, die Hellsehergabe erwachte. Aber diese Hellsehergabe erwachte traumhaft, während göttlich-geistige Kräfte in ihm wirkten und das Ich heruntergedrückt war. Der Mensch war mehr oder weniger außerhalb des Ich. War er schon im normalen Zustand sich dieses Ich nicht so sehr bewußt als in späteren Zeiten, so war er in den Zeiten, wo der Geist in ihm wirkte und ihn hinauftrug in die geistige Welt, ganz außer sich, ganz außer seinem Ich. Er war völlig hingegeben entweder an das äußere Göttlich-Geistige oder an das Göttlich-Geistige in seiner Seele. Aber in diesen Augenblikken der Ekstase, der Begeisterung war er sich seines Zustandes gar nicht bewußt. Das sollte ja eben kommen, daß der Mensch eine Verbindung finden sollte zum Geistigen aus seinem Ich heraus und von da aus den tiefsten Kern seines Wesens durchdringen konnte mit dem Bewußtsein: Ich gehöre einem göttlich-geistigen Reiche an. – Das konnte nur dadurch geschehen, daß der Christus auf der Erde lebte, sein Wesen den Erdenwesen einflößte und daß das Ich sich mit dem durchdringen konnte, was sich als das Vorbild des Christus ergab. Dadurch konnte sich der Mensch sagen: Ich bin jetzt mit meinem Ich im geistigen Reiche, in den Reichen der Himmel, so wie früher die Menschen außer dem Ich in den Reichen der Himmel waren. «Die Reiche der Himmel sind nahe herbeigekommen!», das war die neue Lehre. Dazu sollte die Seelenverfassung, der Sinn der Menschen geändert werden, um nicht mehr zu glauben, daß man außerhalb des Ich, nur im Zustande der Ekstase, hinaufgetragen werden könnte in die geistige Welt, sondern im Zustande des vollen Ich-Bewußtseins seine Verbindung finden kann mit den Reichen der Himmel.

Daß das geschehen mußte, das kann man noch dadurch einsehen, daß sich der Zustand des alten Hellsehens im Laufe der Jahrtausende immer mehr verschlechtert hat. Während in alten Zeiten der Mensch in seinen ekstatischen Zuständen zu den guten göttlich-geistigen Mächten hinaufstieg, in seine göttlich-geistige Heimat hineinstieg, war das, was dem Menschen in der Zeit der Begründung des Christentums noch geblieben war von ekstatischen Zuständen, so, daß er jetzt, wenn er außerhalb seiner war, nicht mehr zu den guten geistigen Mächten, sondern zu den schlimmen, bösen geistigen Mächten geführt wurde. Das ist überhaupt der große Unterschied zwischen diesen zwei Entwicklungszuständen: Wenn in uralten Zeiten der Mensch mit Unterdrückung des Ich, was wir heute medial nennen würden, sich traumhaft erhob zu den geistigen Welten, dann war er mit guten geistigen Wesenheiten in Gemeinschaft. Das hatte sich aber geändert in jener Zeit, als der Mensch durch das Ich das Band zu den Reichen der Himmel finden sollte; und wenn er jetzt die ekstatischen Zustände suchte oder entwickelte, dann wurden sie bezeichnet als Zustände der «Besessenheit», welche den Menschen mit bösen, ihm feindlichen geistigen Mächten in Verbindung brachten. So mußte in der Zeit, als der Christus Jesus auftrat, geradezu als heilsame Lehre verkündet werden: Es ist nicht richtig, daß ihr versucht, unter Ausschluß eures Ich in Zustände zu kommen, wo ihr die geistigen Welten wahrnehmt, sondern jetzt ist es richtig, daß ihr in eurem tiefsten Wesenskern das Band sucht zu den göttlich-geistigen Reichen!

Diese Lehre liegt im wesentlichen beschlossen in der Bergpredigt des Matthäus-Evangeliums. In alten Zeiten, so könnte man umschreiben, gab es ein traumhaftes Hellsehen. Da wurde der Mensch hinaufversetzt durch Ekstase in geistige Welten. Damals war er reich an geistigem Leben, er war kein Bettler um Geist, wie er es geworden ist in der Zeit, als das Christentum begründet wurde. Wenn er in alten Zeiten durchdrungen war von Geist, von dem, was man im Griechischen «Pneuma» nennt, dann wurde er hinaufentrückt in göttlich-geistige Welten. Jetzt konnte der Christus nicht sagen: Gotterfüllt sind die, welche durch ekstatische Zustände reich werden an Geist! – denn die mußten gerade geheilt werden als die Besessenen. Daher wird vorher von der Heilung der Besessenen gesprochen. Jetzt mußte er verkünden: Die Zeit ist gekommen, wo gotterfüllt sind diejenigen, welche geworden sind Bettler um Geist! – das heißt solche, die sich nicht mehr erheben können zu ekstatischen, zu traumhaft hellseherischen Zuständen, sondern die angewiesen sind, in sich selber das Reich der Himmel zu suchen, von ihrem Ich aus.

Wenn der Mensch früher hineinversetzt war in das Erdenleid und in den Erdenschmerz, dann brauchte er, weil es für ihn ja in seiner Wesenheit einen Zustand gab, durch den er entrückt werden konnte zu den göttlich-geistigen Welten, diesen Zustand nur in sich hervorzurufen. Er brauchte das Leid nicht zu ertragen, sondern wenn Leid ihn befiel, konnte er jenen Zustand aufsuchen, wo er geist- oder gotterfüllt war, und konnte in diesem Zustand, in einem Entrücktsein von seinem Ich, Heilung finden von den Leiden und Schmerzen der Erde. Aber auch diese Zeit mußte von dem Christus Jesus als eine solche bezeichnet werden, die vorüber ist. Jetzt sollen gotterfüllt werden diejenigen, die nicht mehr imstande sind, den Beistand im Leid von außen zu erfahren, sondern die durch Stärkung ihres eigenen Ich die Kraft im Innern suchen; die den Paraklet im Innern finden. Gotterfüllt sind die, die das Leid nicht verscheuchen durch ekstatische Erhebung zum Gott, sondern die es tragen und die Kraft des Ich entwickeln, wodurch sie in sich finden den Paraklet, den man später den «Heiligen Geist» nannte, der sich durch das Ich offenbart.

Noch der Buddha hatte nicht empfohlen, das Leid zu tragen, sondern das Leid abzustreifen, mit allem Erdendurst abzustreifen. Noch sechshundert Jahre vor dem Christus Jesus hat Buddha gerade das als schlimme Folge des Durstes nach Dasein bezeichnet, was als Leid auf der Erde ist. Sechshundert Jahre später sprach es der Christus im zweiten Satz der Bergpredigt aus, daß das Leid nicht in dieser Weise abgestreift werden sollte, sondern getragen werden soll, auf daß es eine Prüfung sei, damit das Ich jene Kraft entwickelt, die es in sich selber finden kann: den inneren Beistand, den «Paraklet». Das ist wörtlich im zweiten Satz der Bergpredigt enthalten bis auf den Ausdruck «Paraklet». Man muß nur die Dinge in der richtigen Weise lesen. Das ist ja gerade die Aufgabe in unserer Zeit, aus dem, was uns die Geisteswissenschaft gibt, die großen, ebenfalls geisteswissenschaftlichen Urkunden lesen zu lernen.

Ein drittes ist dies: Wenn in alten Zeiten die Menschen sich durchdringen konnten mit dem, was aus der Ekstase kommt, was man im Griechischen als «Pneuma», Geist, bezeichnet, dann wurden sie instinktiv ihre Bahn geleitet. Alle Impulse, Handlungen, Leidenschaften, Triebe und Begierden, kurz alles, was im astralischen Leib des Menschen ist, das wurde instinktiv geleitet; es wurde zum Guten geleitet, wenn der Mensch imstande war, sich zu guten geistigen Wesenheiten zu erheben. Aber es war noch nicht von dem Ich ausgegangen die innere Kraft, Leidenschaften, Triebe und so weiter zu zähmen, zu läutern und ins Gleichgewicht zu bringen. Jetzt aber war die Zeit gekommen – das mußte wiederum der Christus verkünden –, wo die Menschen, wenn sie zähmen und läutern, gleichmütig machen die Leidenschaften, Triebe, Begierden ihres Astralleibes, durch sich selber erreichen, was das Ziel der gegenwärtigen Menschheit ist und was man dadurch ausdrückt, daß man hinweist auf den großen Fortgang der Entwicklung. Dieser Fortgang der Entwicklung hat sich uns oft in folgender Weise dargestellt. Der Mensch begann sein Dasein auf dem alten Saturn, setzte es fort durch Sonnen- und Mondendasein und bekam auf der Erde sein Ich zuerteilt. Aber nur, wenn er sich seines Ich bewußt wird, wenn er das, was ihm in seinem astralischen Leib noch auf dem Monde gegeben ward, zähmt, gleichmütig macht, kann er das Ziel der Erdenmission wirklich erreichen. Diejenigen können durch den Christus-Impuls gotterfüllt werden, die ihre Triebe und Begierden im astralischen Leib zähmen, gleichmütig machen. Dadurch werden sie durch sich selber finden die Erde. – So ist im dritten Satz der Bergpredigt dieses, was eigentlich immer mit einem unsinnigen Wort übersetzt wird, gesagt: Diejenigen, welche gleichmütig machen – nicht: sanftmütig – ihre Triebe, Begierden und Leidenschaften, werden als ein Los zugeteilt erhalten, oder man kann auch sagen, erben die Erde.

Da haben wir die drei ersten Sätze der Bergpredigt in ihrer ganzen weltgeschichtlichen Bedeutung vor uns stehen: Was im Physischen durch eine besondere Ausbildung des physischen Leibes in alten Menschheitszeiten möglich war, daß die Menschen in hellseherisch-traumhaften Zuständen das Geistige sahen, das ist im ersten Satz der Bergpredigt für den physischen Leib ausgesprochen, der jetzt verarmt ist an innerer Geisterfülltheit. Für den Ätherleib, durch den das Leid bewußt wird, wenn es auch zunächst im astralischen Leib bewußt wird, ist angedeutet, daß die Menschen in sich selber eine Kraft entwickeln müssen, um einen Beistand zu finden gegen das Leid, das sie als Prüfung tragen. Dann haben wir für den astralischen Leib angeführt, daß der Mensch durch Zähmung und Läuterung seiner Triebe, Leidenschaften und so weiter jene starke Kraft in seinem Innern findet, wodurch er ein eigentliches Ich wird und die Mission der Erde als sein Los zugeteilt erhält.

Wenn wir jetzt zu dem Ich hinauf kommen, so wissen wir, daß dieses Ich arbeitet in der Empfindungsseele, in der Verstandesseele und in der Bewußtseinsseele. Das Ich arbeitet in der Empfindungsseele, das heißt, es vergeistigt die Empfindungsseele. Dadurch wird für den Menschen in der äußeren Welt dasjenige zu einer wichtigen Angelegenheit, was gerade durch das Christentum verbreitet werden soll: die Allgerechtigkeit ausgießende menschliche Bruderliebe. Was sonst die Empfindungsseele nur im Physischen empfindet, Durst und Hunger, das muß sie durch das Christentum in bezug auf das Geistige zu empfinden lernen: Durst und Hunger nach der allwaltenden Gerechtigkeit. Diejenigen, welche so das Zentrum des Menschen im Ich finden, werden dadurch, daß sie an sich selber arbeiten, befriedigt werden für ihr Verlangen in der Empfindungsseele nach allwaltender irdischer Gerechtigkeit. Gotterfüllt werden sie sein, die durch den Christus-Impuls lernen nach Gerechtigkeit zu dürsten und zu hungern, wie man nach physischer Nahrung hungert und dürstet, denn durch die starke Kraft in ihrem Innern werden sie dadurch, daß sie arbeiten an der Gerechtigkeit in der Welt, in sich selber finden die Sattheit für diese Eigenschaft!

Nun kommen wir zur Verstandesseele. Wir haben öfter betont: Während in der Empfindungsseele das Ich noch dumpf brütet, glänzt es zuerst auf als eigentliches menschliches Ich in der Verstandesseele, um sich dann voll bewußt zu werden in der Bewußtseinsseele und da erst ein reines Ich zu werden. Da ist also etwas ganz Eigentümliches vorhanden: Das menschliche Ich, dasjenige, wodurch wir allen Menschen gleich sind, was ein jeder in sich trägt, glänzt auf in der Verstandesseele. Wo wir auch einen Menschen finden in der Welt, er ist dadurch ein Mensch und unseresgleichen, daß in seiner Verstandesseele ein Ich aufglänzt. Dadurch werden wir zu unseren Mitmenschen in ein richtiges Verhältnis kommen, daß uns gerade in der Verstandesseele etwas aufgeht, das wir so, wie wir es empfangen können, in die Außenwelt hinaustragen sollen. In der Verstandesseele sollen wir etwas entwickeln, was wir so in die Umgebung hinausfließen lassen, wie es wieder zu uns zurückfließen soll. Daher ist es in der Bergpredigt das einzige Mal, daß das Subjekt des Satzes dem Prädikat gleich ist: Gotterfüllt, oder selig, sind die, die da Liebe entfalten; denn durch das Ausstrahlen der Liebe wird ihnen wieder Liebe. – Darinnen sehen Sie die unendliche Tiefe einer solchen geistigen Urkunde, daß sie selbst in ihrer Satzfügung bis in solche Einzelheiten hinein verstanden werden kann, wenn man nach und nach durch Jahre hindurch zusammengetragen hat, was Geisteswissenschaft geben kann, um den Menschen und die Welt zu begreifen. Den fünften Satz der Bergpredigt kann man gar nicht verstehen in seinem Unterschiede zu den anderen Sätzen, die alle ein anderes Prädikat als Subjekt haben, wenn man nicht den Hinweis dieses Satzes kennt gerade auf die Verstandes- oder Gemütsseele.

Jetzt gehen wir hinauf zur Arbeit des Ich an der Bewußtseinsseele. Da wird das Ich sozusagen erst rein, kann sich seiner selbst erst vollständig bewußt werden. Das wird in der Bergpredigt sehr schön dadurch ausgedrückt, daß gesagt wird: Nur im Ich kann es sein, wo die göttliche Substanz dem Menschen aufgeht. Gotterfüllt sind die, die in ihrem Blute oder Herzen – was der Ausdruck des Ich ist – rein sind, die nichts hineinkommen lassen als das, was die reine Ichheit ist, denn sie werden darinnen den Gott erkennen, den Gott schauen!

Jetzt kommen wir hinauf zu demjenigen in der Bergpredigt, was schon nach dem Geistselbst, Lebensgeist und Geistesmenschen hin gerichtet ist. Da kann der Mensch nicht mehr bloß durch sich selber arbeiten, da muß er auf der jetzigen Entwicklungsstufe appellieren an die göttlich-geistigen Welten, die gerade durch den Christus in Verbindung mit der Erde gebracht worden sind, da muß er mit seinem Ich aufschauen zu den erneuerten göttlich-geistigen Welten. Während früher in die Menschheit hineingekommen ist, und auch heute noch hineinkommt Streit und Disharmonie durch die Ichheit, soll sich durch den Christus-Impuls über die Erde ausgießen Friede. Und diejenigen, welche den Christus-Impuls aufnehmen, werden in jenem Teil der Menschennatur, der sich erst nach und nach in der Zukunft als Geistselbst entwickelt, Friedenstifter werden; und sie werden dadurch in einem neuen Sinne «Söhne Gottes» werden, indem sie den

Geist aus den geistigen Reichen heruntertragen. Gotterfüllt sind die, die da Frieden oder Harmonie bringen in die Welt; dadurch sind sie Söhne Gottes! – Denn so müssen die genannt werden, die wirklich innerlich erfüllt sind von einem Geistselbst, das Frieden und Harmonie bringen soll über die Erde.

Nun müssen wir uns klar sein, daß von allem, was sich auf der Erde entwickelt, Restliches aus früheren Zeiten zurückbleibt in spätere Zeiten hinein. Dieses Restliche ist in gewisser Weise demjenigen feindlich, was sich als Keim immer hineinstellt in die späteren Zeiten. So wird dasjenige, was der Christus-Impuls bringt, hineingestellt in die ganze Menschheitsentwicklung, aber nicht auf einmal, sondern so, daß Reste vorhanden bleiben von dem, was die frühere Menschheitsentwicklung gebracht hat. Da ist es notwendig, daß die, welche diesen Christus-Impuls zuerst verstehen, feststehen auf dem Boden desselben, ganz innerlich durchdrungen sind von seiner Kraft. Und wenn sie innerlich durchdrungen sind von der Kraft, die von dem Samen ausgeht, der durch den Christus gekommen ist, und wenn sie feststehen auf diesem Boden, dann werden sie gerade dadurch, daß sie die Kraft der Festigkeit entwickeln, im neuen Sinne gotterfüllt sein. Gotterfüllt sind die, die unter der neuen Ordnung, die unter dem Christus steht, Verfolgung erleiden von dem, was noch aus der alten Ordnung hereinragt! – Und der letzte Satz der Bergpredigt weist direkt auf den Christus-Impuls selber hin, indem er zu den Aposteln sagt: Und gotterfüllt sollt ihr sein, die ihr besonders berufen seid, den Namen des Christus in die Welt zu tragen! So sehen wir, wie aus den großen kosmologischen und Menschheitslehren heraus in der Bergpredigt direkt das Christentum abgeleitet wird, und daß überall hingewiesen wird auf jene Kraft des Innern, die im Ich selber ihren Mittelpunkt finden muß. Das muß durchaus verstanden werden. Das muß bis heute verstanden werden, und es muß bis heute so verstanden werden, daß nicht diejenigen glauben, im echten Sinne christlich zu sein, welche etwa in irgendwelchen dogmatischen Nebenbedeutungen das Christentum suchen, sondern gerade diejenigen sind im echten Sinne christlich, welche die Bedeutung des Satzes verstehen: Ändert die Seelenverfassung oder den Sinn, denn die Reiche der Himmel sind bis ins Ich hineingestiegen! – Die sind im echten Sinne christlich zu nennen, die darinnen das Wesentliche sehen und die auch weiter verstehen, daß dasjenige, was im wahren Sinne christlich ist, anders ausgesprochen werden mußte im Beginne unserer Zeitrechnung und anders ausgesprochen werden muß heute!

Es ist ein schlimmes Mißverständnis des Christentums, wenn man glauben wollte, daß das, was als christlich mit den Worten der Zeit von vor zwei Jahrtausenden bezeichnet wurde, sich bis heute nicht weiter entwickelt hätte. Man müßte das Christentum als eine tote Kulturströmung bezeichnen, wenn man heute ebenso reden müßte wie vor zweitausend Jahren. Das Christentum ist ein lebendiges! Es entwickelt sich und wird sich immer weiter entwickeln. Und so wahr es ist, daß das Christentum seinen Ausgangspunkt nehmen mußte von der Zeit, in der die Menschen heruntergestiegen sind bis auf den physischen Plan, seinen Ausgangspunkt nehmen mußte von einer Vermenschlichung eines Gotteswesens in einem physischen Menschenleib, ebenso wahr ist es, daß die Menschen gerade in unserer Zeit lernen müssen, sich hinauf zu erheben, um das Christentum und die Christus-Wesenheit selber wieder zu verstehen von einem höheren geistigen Standpunkt aus. Was heißt das?

So wahr die alten traumhaft hellseherischen Kräfte sich verloren haben, so daß zur Zeit des Christus nicht mehr die als gotterfüllt bezeichnet werden konnten, die im alten Sinne geisterfüllt waren, sondern die, die in sich selber fanden die Reiche der Himmel, so wahr ist es, daß mit diesem vollen Bewußtsein des Ich die Menschen wieder hinaufsteigen in die geistige Welt und sich wieder neue Kräfte und Fähigkeiten entwickeln werden. Und so wahr zur Zeit des Täufers die Zeit gekommen war, wo die

Menschen jene Fähigkeiten gerade zu einer Krisis gebracht hatten, die auf den physischen Plan herunterführen, so wahr ist es, daß wir gegenwärtig in einer wichtigsten Zeit stehen. Was man das finstere Zeitalter nennt, das begonnen hat mit dem Jahre 3101 vor Christus und das seinen Höhepunkt erreicht hatte, als sich der Christus verkörperte, das hat sein Ende erreicht am Ausgang des 19. Jahrhunderts. Das Kali Yuga hat sein Ende erreicht im Jahre 1899, und wir gehen einer Zeit entgegen, in welcher sich auf natürliche Weise unter den Menschen neue Kräfte und Fähigkeiten entwickeln, die sich noch in der ersten Hälfte unseres jetzigen Jahrhunderts klar und deutlich zeigen werden. Diese neuen Kräfte und Fähigkeiten wird man verstehen müssen. Insbesondere diejenige Menschheit, welche die Aufgabe der Geisteswissenschaft begriffen hat, wird verstehen müssen, daß ein solches Erheben zum Geistigen wieder möglich ist. Denn in den wichtigen Zeiten, die auf das Jahr 1930 folgen werden, werden einzelne Menschen wie aus ihrer Natur heraus fähig werden, höhere Kräfte zu entwickeln, wodurch sichtbar werden wird, was wir den Ätherleib nennen. Ätherisch hellseherische Kräfte werden sich entwickeln bei einer Anzahl von Menschen.

Zweierlei wird dann möglich sein. Entweder der Materialismus unseres Zeitalters geht weiter: Dann wird man, wenn solche Kräfte sich zeigen, nicht verstehen, daß sie hinaufführen in die geistigen Welten; man wird sie mißverstehen, und dadurch werden sie unterdrückt werden. Wenn das geschähe, würde das nicht dazu berechtigen, daß die Menschen aus dem materialistischen Sinne heraus am Ende des Jahres 1940 etwa sagten: Nun seht, was das für phantastische Propheten waren am Anfange des 20. Jahrhunderts! Nichts hat sich erfüllt! – Denn wenn die neuen Fähigkeiten nicht da sein werden, wird das keine Widerlegung dessen sein, was jetzt gesagt werden kann und muß, sondern es wird nur ein Beweis dafür sein, daß die unverständige Menschheit diese Fähigkeiten im Keime erstickt und sich dadurch etwas genommen haben wird, was die Menschheit wird haben müssen, wenn sie in ihrer Entwicklung nicht verdorren und veröden will. Das ist die große Verantwortung der Anthroposophie. Die Anthroposophie ist entsprungen aus der Erkenntnis der Notwendigkeit, daß vorgearbeitet werden muß für etwas, was kommen wird, und das auch übersehen und unterdrückt werden könnte. Vorzuarbeiten hat die Anthroposophie für das Verständnis geistig sich entwickelnder Kräfte der Menschheit. Werden diese Kräfte unterdrückt werden, dann wird die Menschheit weiter in den Sumpf des Materialismus hineingehen.

Das andere ist, daß die Anthroposophie Glück hat mit ihren Lehren zur Verbreitung eines Verständnisses für die Erhebung der Menschen in die geistige Welt, daß sie Glück hat mit dem Herausheben der Menschen aus materialistischer Gesinnung. Dann aber wird jetzt etwas eintreten müssen aus der anthroposophischen Geistesbewegung heraus, was in früheren Jahrhunderten sich vorbereitet hat, was aber jetzt in unserer Zeit an einem besonders wichtigen Wendepunkt sich voll entwickeln muß.

Die früheren Jahrhunderte waren dazu geeignet, den materialistischen Sinn der Menschheit immer mehr zu pflegen. Daher konnte man früher unter dem materialistischen Einfluß glauben, daß der Christus-Impuls und die Christus-Wesenheit mit der Erde dadurch in eine Beziehung treten werde, daß sie sich noch einmal oder vielleicht noch öfter in einen physischen Leib, in einen materiellen Leib hinein verkörpern werde. Statt sich Klarheit darüber zu verschaffen, daß die Menschen hinaufwachsen werden mit ihren Fähigkeiten, um in größerer Anzahl, und zuletzt alle, das Ereignis von Damaskus zu erleben, das heißt, den Christus in der Erdenatmosphäre zu erleben, ihn im Ätherleibe zu schauen, statt dessen hat man immer geglaubt, der Christus werde wieder heruntersteigen in einen physischen Leib, damit er befriedigen könne den materialistischen Sinn der Menschen, die nicht glauben wollen an den Geist, an das, was Paulus gesehen hat in dem Ereignis von Damaskus: Der Christus ist in der Erdenatmosphäre, er ist immer da! «Ich bin bei euch alle Tage bis an der Welt Ende!» – Wer sich durch die Methoden des Hellsehens hinaufentwickelt zum Schauen in der geistigen Welt, der findet das, was in der vorchristlichen Zeit nicht zu finden war in den geistigen Welten: den Christus in seinem Ätherleibe. Das ist der wichtige Fortschritt in der Menschheitsentwicklung, daß noch bevor die erste Hälfte unseres Jahrhunderts abgelaufen sein wird, bei vielen Menschen sich wie auf natürliche Art jene Fähigkeit entwickeln wird, durch die sie das Ereignis von Damaskus zu einer persönlichen Erfahrung machen und den Christus in seinem Ätherleib schauen werden. Nicht heruntersteigen ins Fleisch wird der Christus, sondern hinaufsteigen werden die Menschen, wenn sie sich Verständnis für den Geist erworben haben.

Das bedeutet das Wiederkommen des Christus in unserem Zeitalter, weil in diesem 20. Jahrhundert die Menschen sich herausarbeiten müssen aus dem Kali Yuga zu einem hellseherischen Zeitalter, zu dem die ersten Keime gelegt werden müssen in diesem Jahrhundert. Hinaufsteigen werden die Menschen durch die Fähigkeiten, die da kommen werden, zu dem Christus, der da ist, und der gesehen werden kann von der Vorhut derjenigen Menschen, die durch die anthroposophische Verkündigung zu dem geführt werden, was im Laufe der nächsten 2500 Jahre mehr oder weniger alle Menschenseelen erleben werden.

Das ist das große Ereignis, was der Menschheit für die nächste Zukunft bevorsteht, daß wiederum gotterfüllt sein werden diejenigen, die sich jetzt mit vollem Ich-Bewußtsein hinauferheben zum ätherischen Sehen des Christus in seinem Ätherleib. Dazu muß aber der materialistische Sinn gründlich überwunden werden und die Menschheit Verständnis gewinnen für spirituelle Lehren, für spirituelles Leben.

In den verflossenen Jahrhunderten war es verhältnismäßig unschädlich, wenn die Menschen aus dem Materialismus immer wieder irregeführt werden konnten in bezug auf das sogenannte Wiederkommen des Christus. Gerade in Zeiten, in denen in geringerem Maße eine Übergangszeit vorhanden war, wo sich vorbereitete, was heute als materialistischer Sinn auf einem Höhepunkt angelangt ist, da wurde zum Beispiel in weiten Kreisen Frankreichs verkündet, daß im Jahre 1137 ein Messias erscheinen werde. Ein Messias ist dazumal auch aufgetreten, der aber die Menschen irregeführt hat, weil der Glaube an ihn herausgeboren war durch den materialistischen Sinn, weil man glaubte, der Messias müßte im Fleische erscheinen. Dreißig Jahre früher erschien ein anderer Messias in Spanien; auch da wurde prophetisch vorherverkündet, es würde ein Messias im Fleische erscheinen. Und ungefähr um dieselbe Zeit erschien ein anderer neuer Messias in Nordafrika. Auch da war prophezeit worden, er werde von Osten kommen und im Fleische erscheinen. Und die ganze Zeit über, wo der materialistische Sinn sich vorbereitet hat dadurch, daß die höchsten Dinge von ihm ergriffen wurden, erschienen derartige prophetische Vorhersagungen, die durchaus für den, der die Zeiten kennt, etwas Bekanntes sind, bis hinein in das 17. Jahrhundert, wo weit und breit gepredigt wurde, es werde eine Art Christus, ein Messias, erscheinen. Das fand wiederum Glauben bei dem materialistischen religiösen Sinn der Menschen. Daher konnte, fußend auf dieser Prophezeiung, ein falscher Messias im Jahre 1667 in Smyrna auftreten, mit dem Namen Schabbathai Zewi. Er schrieb damals von Smyrna aus Episteln und Briefe, welche die Welt ebenso erschütterten, trotzdem sie gar nichts waren als trügerische Dinge, weil sie im materialistischen Sinne gehalten waren als trügerische Dinge, weil sie im materialistischen Sinne gehalten waren, wie einstmals die Paulus-Briefe die Welt erschütterten. Im 17. Jahrhundert verbreitete sich von Smyrna aus die Kunde: Es lebt dort ein Messias im Fleisch! – Und Schabbathai Zewi der «Gerechte Gottes», wurde so angesehen, daß man sagte, es werde jetzt die ganze Weltenzeitrechnung eine ganz andere

Gestalt annehmen: Er wird mit seinen Getreuen durch die Welt ziehen, und an ihn sollen glauben alle, die die Wahrheit sehen wollen, die den Christus im Fleische sehen wollen! – Gepredigt wurde ihnen, daß sein physischer Geburtstag als das größte Fest der Menschheit und der Erde gefeiert werden müsse! Ganze Scharen von Menschen pilgerten dahin, nicht nur aus Asien und Afrika, sondern auch aus Polen, Rußland, Spanien, Frankreich und so weiter. Ganze Züge von Wallfahrern gingen nach Smyrna zu Schabbathai Zewi, der als Christus im Fleische auftrat, bis die Sache einen zu großen Umfang annahm und Schabbathai Zewi vom Sultan gefangen gesetzt wurde. Da sagten die Leute: Das ist nur die Erfüllung einer Prophezeiung, denn es ist vorhergesagt, daß er neun Monate in Gefangenschaft sitzen werde. – Da wußte der Sultan sich nicht anders zu helfen, als daß er Schabbathai Zewi unbekleidet aufstellen ließ und sagte: Ich will an dir erproben, ob du wirklich ein Messias, ein Christus im Fleische bist, ich will nach dir schießen lassen! – Und da gestand endlich Schabbathai Zewi, daß er nur ein gewöhnlicher Rabbi sei.

Solche Versuchungen gehen hervor aus dem materialistischen Sinn unserer Zeit. Und dergleichen wird wiederkommen, denn den materialistischen Sinn werden die Menschen benutzen. Es wird oft und oft in den nächsten Jahrzehnten gesagt werden, was jetzt ausgesprochen worden ist, daß sich die menschlichen Fähigkeiten bis zum ätherischen Anblick des Christus hinaufentwickeln werden, an dessen Realität die Menschen dann ebenso sicher glauben können, wie Paulus selbst daran geglaubt hat! Das ist die nächste Zukunft der Menschheit, zu der heute die Geisteswissenschaft die Menschen vorbereiten soll. Aber es wird durch den materialistischen Sinn der Menschen auch die Zeit der starken Versuchung kommen, wo falsche Messiasse wieder erscheinen werden im Fleische. Dann wird es sich zeigen, ob die Theosophen die Theosophie richtig verstanden haben werden! Die sie nicht richtig verstanden haben, die werden vom materialistischen Sinn so durchkränkelt sein, daß sie der Versuchung verfallen werden. Trotzdem sie an den Christus glauben, werden sie an einen Christus im Fleische glauben. Die aber, welche Verständnis für wirkliches geistiges Leben gewonnen haben, die werden verstehen, daß das «Wiederkommen des Christus» in unserem Jahrhundert, als das größte Ereignis, bedeutet: Der Christus kommt zu den Menschen im Geiste, weil die Menschen durch ihre Entwicklung zum Geistigen hin sich bis zum Christus entwickelt haben! Und dadurch erfährt in unserem Jahrhundert die Bergpredigt eine völlige Modifikation. Alles wird sozusagen neugestaltet werden. Gotterfüllt oder selig werden die sein, die durch ihr Betteln um Geist in den verflossenen Inkarnationen so weit gekommen sein werden, daß sie hinaufgestiegen sein werden in jene Region der Reiche der Himmel, wo ihnen der Christus vor das geistige Auge tritt!

So könnte jeder einzelne Satz der Bergpredigt in seiner neuen Gestalt in diesem Sinne wiedergegeben werden. Das Christentum wird nur seine Urkunden wiedererobern können, wenn man es lebendig erfaßt, wenn man weiß, daß es kein Totes, sondern ein Lebendiges ist. In jener Zeit – und es ist unsere Zeit –, in der sozusagen die materialistische Forschung dem Menschen das Evangelium und die Überlieferung von dem Christus nimmt, wird, das ist oft betont worden, die geistige Forschung die Evangelien den Menschen wiedergeben. Das ist ein Zusammentreffen, das nicht zufällig, sondern notwendig ist. Mögen in unserer Zeit, weil ihr materialistischer Sinn, der bis ins höchste gestiegen ist, an eine Krisis gekommen ist, immerhin gewisse arme Menschen auftreten, die aus einer irregeleiteten Philosophie zu der sonderbaren Anschauung kommen können, daß es Wirkungen ohne Ursachen gibt, daß es keinen historischen Christus Jesus gegeben hat; das ist etwas, was dem Anthroposophen begreiflich sein soll. Er soll mit einem gewissen Mitleid sogar zu blicken wissen auf jene armen Menschen, die trotz ihrer Philosophie so in den materialistischen Sinn hineinverstrickt sind, daß sie sich überhaupt die Fähigkeit abgewöhnt haben, den Geist zu ahnen und daher immerfort dem Satz, den sie sonst immer zugeben, ins Gesicht schlagen: Es gibt keine Wirkung ohne Ursache. Das Christentum als Wirkung kann nicht da sein ohne Ursache! Anthroposophie wird es sein, die den Menschen aus der Geistesforschung heraus den Christus in jener Gestalt, in der er lebendig ist, lehren wird, wenn diese Menschen diesen Lehren nur Verständnis entgegenbringen wollen, Verständnis selbst so weit, daß man klar erkennt: Der Christus wird wiederkommen, aber in einer höheren Realität, als die physische ist, in einer solchen Realität, zu der man nur wird aufschauen können, wenn man sich erst den Sinn und das Verständnis für das geistige Leben wird erworben haben.

Schreiben Sie sich in Ihr Herz, was Anthroposophie sein soll: eine Vorbereitung für die große Epoche der Menschheit, die uns bevorsteht. Lassen Sie es sich dabei nicht als etwas Wesentliches erscheinen, ob die Seelen, die heute hier verkörpert sind, dann noch im physischen Leibe verkörpert sein werden, wenn der Christus in der geschilderten Weise wiederkommt, oder ob sie bereits durch die Pforte des Todes gegangen sind und in jenem Leben stehen, das zwischen Tod und der neuen Geburt abläuft. Denn was im 20. Jahrhundert geschieht, hat eine Bedeutung nicht nur für die physische Welt, sondern für alle Welten, mit denen der Mensch in Beziehung steht. Und ebenso wie die Menschen, die verkörpert sein werden zwischen den Jahren 1930 und 1950, erleben werden das Hinaufschauen zu dem ätherischen Christus, ebenso wird ein gewaltiger Umschwung eintreten in der Welt, in der der Mensch lebt zwischen Tod und Geburt. Gerade so wie der Christus nach dem Mysterium von Golgatha heruntergestiegen ist in die Reiche der Unterwelt, so gehen die Wirkungen der Ereignisse, die in unserer Zeit geschehen für die Bewohner des physischen Planes, hinauf in die geistigen Welten. Und den Menschen, die sich nicht durch Geisteswissenschaft vorbereiten werden auf das große Ereignis, denen entgeht in jener Zeit das

Gewaltige, das sich auch vollziehen wird in den geistigen Welten, in denen der Mensch dann lebt. Diese Menschen müssen dann warten bis zu einer neuen Verkörperung, um dann auf der Erde zu erfahren, was sie fähig macht, den neuen Christus-Impuls zu empfangen. Denn zu allen Christus-Impulsen, wenn sie uns auch noch so hoch hinauftragen, müssen wir uns die Fähigkeit erringen auf dem physischen Plan. Nicht umsonst ist der Mensch so in die physische Welt hinunterversetzt worden: Hier müssen wir uns das aneignen, was zum Verständnis des Christus-Impulses führt! Für alle Seelen, die leben, ist Geistesforschung die Vorbereitung auf das Christus-Ereignis, das uns in der nächsten Zukunft bevorsteht. Diese Vorbereitung ist notwendig. Und auf dieses Christus-Ereignis werden in den Vorgängen der Menschheitsentwicklung andere folgen. Daher wird es gerade ein wichtiges Versäumnis sein für die Menschen, die sich nicht zu dem Christus-Ereignis erheben wollen in unserem Jahrhundert, wo sie dazu Gelegenheit haben.

Wenn wir so die Geisteswissenschaft betrachten und uns in die Seele schreiben, dann erst fühlen wir, was sie jeder einzelnen Menschenseele ist und was sie sein soll der gesamten Menschheit.

FÜNFTER VORTRAG

BERLIN, 9. MÄRZ 1910

Mit dem heutigen Vortrag soll eine Art Zusammenfassung dessen gegeben werden, was wir in den verschiedenen Wintervorträgen gehört haben, was wir anschließen konnten an die Betrachtungen im Hinblick auf das Lukas-Evangelium und das Matthäus-Evangelium und was hier referierend mitgeteilt worden ist in Anknüpfung an die Vorträge über das Johannes-Evangelium, wie sie zuletzt in Stockholm gehalten worden sind. So wie diese Vorträge gehalten worden sind, wird es Ihnen klar geworden sein, daß alles in ihnen so angelegt worden ist, daß man nicht etwa im eingeschränkten Sinne eine Evangelien-Erklärung hat, sondern daß aus den Wahrheiten, die nun erstens schon einmal Wahrheiten sind und zweitens sich bei einem richtigen Verständnis der christlichen Urkunden in den Evangelien finden, sich immer herausstellt, daß uns auch die anderen Rätsel des Lebens in der mannigfaltigsten Weise von ihnen aus gedeutet und erleuchtet werden können.

Wenn wir zurückgehen hinter die Begründung des Christentums, finden wir zwei Arten, zwei Formen der Initiation: die Initiation des Nordens, die in jenen in Stockholm gehaltenen Vorträgen näher charakterisiert worden ist, und die Initiation des Südens, die besonders dadurch charakterisiert worden ist, daß angeknüpft worden ist an die Initiationsvorgänge der altägyptischen Kultur. Von zwei Seiten her haben sich für den Menschen der alten Welt die Möglichkeiten ergeben, in die geistige Welt einzudringen. Wenn der zu Initiierende im alten Ägypterlande die geistige Welt hat erreichen wollen, so stieg er herunter in die Untergründe der eigenen Seele, stieg herunter hinter all das, was im gewöhnlichen Seelenleben als Gedanke, Gefühl, Wollen und so weiter vorhanden ist. Dort fand er das, woraus die Seele selbst hervorgegangen ist: das göttlich-geistige Dasein der Welt. Also ein Heruntersteigen unter diejenigen Regionen der Seele, die vom Ich durchglänzt und durchdrungen sind, war das Wesentliche der ägyptischen oder der südlichen Initiation überhaupt. Dagegen war ein Heraustreten des Menschen, ein Aufgehen in den Erscheinungen der Welt in ekstatischer Art dasjenige, worauf es in der nördlichen Initiation, vor allem in den germanischen, Druiden- und Trottenmysterien ankam. Dann wurde auch schon charakterisiert, wie in dem, was wir die christliche Initiation nennen, diese zwei Arten der Initiation zusammengeflossen sind, und wie gleichsam die christliche Initiation die höhere Einheit darstellt der ekstatischen Initiation des Nordens und der mystischen Versenkung bei der Initiation des Südens. Damit aber ist auf einen tiefen Grund der Weltengeheimnisse hingewiesen, der durch alles Dasein geht. Im Grunde ist alles Besprechen, selbst einer so großen, gewaltigen Tatsache wie das Zusammenfließen der beiden Initiationsformen des Altertums in die christliche Initiation, ein Beispiel für ein noch umfassenderes großes Gesetz, das alles Dasein der Menschen durchdringt und zu gleicher Zeit alles Dasein der äußeren Welterscheinungen, soweit es der Mensch erkennen kann, durchwebt. Das findet sich nämlich überall, daß uns entgegentreten wie Gegensätze die Glieder einer Zweiheit. Diese Glieder einer Zweiheit sehen wir wie Gegensätze sich gegenübertreten in der nördlichen und in der südlichen Initiation. Das ist nur ein Beispiel dafür, wie Gegensätze, man könnte auch sagen Polaritäten, uns im Weltendasein entgegentreten. Und das andere, wie diese beiden Initiationsformen zusammenströmen und gleichsam eine geistige Ehe eingehen in der christlichen Initiation, ist ein Beispiel dafür, wie Gegensätze, überhaupt Zweiheiten in der Welt, sich vereinigen. Das geschieht unaufhörlich, daß sich Einheiten in Zweiheiten teilen, um die Entwicklung weiterzufördern und daß sich Zweiheiten wiederum zur Einheit vereinigen. In äußerlicher

Weise konnten wir hindeuten zunächst auf eine große, gewaltige, gleichsam über die Menschheitsentwicklung hin reichende Tatsache, die diese Spaltung einer Einheit in die Zweiheit und der Wiederzusammenströmung der Zweiheit in die Einheit darstellt.

Wir haben öfter hineingeleuchtet in das lemurische Zeitalter, das unter anderem auch die große Tatsache der Weltenentwicklung gesehen hat, da der Mond sich aus unserer Erde herausspaltete. Aber es sah dieses Zeitalter auch noch die ersten Anfänge dessen, was wir im heutigen Sinne der Menschheitsentwicklung den Gegensatz von Mann und Weib nennen; während wir in den der lemurischen Zeit vorangehenden Weltenaltern eine Einheit der Geschlechter finden würden. So haben wir eine ursprüngliche Einheit auseinandertretend in Mann und Weib. Wir haben aber auch schon darauf hingedeutet, daß in der Zukunft diese Zweiheit sich wiederum in der Einheit vereinigen werde, daß wiederum eine Einheit aus dieser Zweiheit entstehen werde. Das ist in äußerlicher Weise die Andeutung von umfassenden Tatsachenreihen, die in dieser Beziehung der Zwei zur Eins oder der Eins zur Zwei liegen.

Was uns so in der Menschheitsentwicklung entgegentritt, ist aber im Grunde der Ausdruck, die Abbildung eines noch größeren kosmischen Gegensatzes, der in einer Einheit wurzelt, als Zwei uns im heutigen Weltenleben entgegentritt und in einer fernen Zukunft sich wieder in eine Einheit auflösen wird. Es ist notwendig, daß wir jeden Gedanken, der uns durch Geisteswissenschaft heute gegeben wird, in seiner vollen Tiefe nehmen, daß wir uns nicht angewöhnen, die anthroposophischen Gedanken in derselben oberflächlichen Art hinzunehmen, wie andere Gedanken und Begriffe, die heute durch die Welt schwirren und die durch das Hastende und Oberflächlich-Banale unserer gegenwärtigen Kultur hingenommen werden. Die anthroposophischen Gedanken müssen so tief wie möglich genommen werden. Daher darf auch ein solcher Gedanke, wie er öfter ausgesprochen wird und gleichsam verborgen liegt in allen unseren Lehren: daß der Mensch als eine kleine Welt, als Mikrokosmos herausgeboren ist aus dem Makrokosmos, aus der großen Welt, nicht bloß als ein abstrakter Gedanke leicht hingenommen werden, sondern dieser Gedanke hat unendlich vielen, hundert- und hundertfachen Inhalt. Vor allem muß man sich darüber klar sein, daß die Welt tiefer ist, als man gewöhnlich glaubt und daß, wenn man einen Gegensatz oder eine Wahrheit einmal in einer Richtung begriffen hat, man keineswegs die letzte Wahrheit über diese Beziehung oder diesen Gegensatz begriffen hat, sondern man muß geduldig überall Umschau halten, um, wenn etwas nach der einen Seite gilt, es auch kennenzulernen nach der anderen Seite.

Der Mensch ist aus dem ganzen Kosmos herausgeboren und muß aufschauen zu dem Kosmos wie zu seinem Mutter-Vaterwesen, von dem er selbst ein Abbild darstellt. Ja, der Mensch ist ein Abbild der ganzen Welt, die ihm bekannt sein kann; und es ist nichts im Menschenwesen, was nicht in irgendeiner Art ein Verhältnis zum Ausdruck bringen würde, das sich nicht auch irgendwie im großen Kosmos findet. Wenn wir den Menschen, wie er uns heute entgegentritt – und zwar geisteswissenschaftlich gesehen entgegentritt –, vergleichen könnten mit Menschengestaltungen in einer verhältnismäßig sehr frühen Zeit, dann fänden wir an diesem heutigen Menschen ein Merkmal von ungeheurer Bedeutung, neben anderen natürlich, zur Aufklärung über das Wesen des Menschen. Dieses Merkmal kann jeden von uns lehren, daß es bei dem, was wir über die Welt wissen, nicht nur darauf ankommt, daß die Dinge wahr sind, sondern noch auf etwas ganz anderes. Damit, daß uns jemand bewiesen hat, daß etwas wahr ist, hat er uns noch nicht das allerwichtigste Moment dieser Wahrheit enthüllt. Es ist zum Beispiel vieles wahr von dem, was eine triviale Naturwissenschaft sagt über den Vergleich des Menschen mit den höheren Säugetieren. Daß der Mensch dieselbe Anzahl Knochen und Muskeln hat und dergleichen Dinge mehr, ist wahr, unbestreitbar wahr. Aber wenn man von irgendeiner Sache bewiesen hat, daß sie wahr ist, hat man noch nicht alles getan. Es muß gerade der Mensch durch geisteswissenschaftliche Vertiefung und Verinnerlichung sich klarmachen, daß es darauf ankommt, sich bei jeder Wahrheit ein Gefühl dafür zu erwerben, wie schwer die Wahrheit wiegt, ob sie wichtig oder unwichtig, wesentlich oder unwesentlich ist zur Erklärung einer Sache. Daher kann es heute Leute geben, die kommen und uns aus ihrem trivialen Bewußtsein heraus immer wieder beweisen, daß es ja wahr ist, was sie sagen. Das soll auch nicht bestritten werden. Aber ob etwas für die Welterklärung in seinem richtigen Gewichte erkannt wird, darauf kommt es an!

Nun gibt es eine gewisse Tatsache, die unzweifelhaft wahr ist und die jeder kennt, weil sie jedem täglich unzählige Male begegnet, und die wir, wenn wir ihre Bedeutung und Wichtigkeit für den Menschen, ihr Gewicht fassen wollen, nur in der richtigen Weise fühlen müssen, nämlich die Tatsache, daß der Mensch ein aufrechtstehendes und aufrechtgehendes Wesen ist und mit seinem Antlitz in den Weltenraum hinaufschauen kann. Das kann nur der Mensch! Denn selbst von dem Affen müssen wir sagen, er sieht so aus, als wenn er sich um diese Möglichkeit bemüht hätte, aber er hat die Geschichte verpfuscht. Er kann es nicht. Der Mensch ist die einzige Wesenheit, die in bezug auf diese Absicht zu Ende gekommen ist, das Antlitz frei in den Weltenraum hinaufheben zu können. Diese Tatsache ist unendlich viel wichtiger als alles, was uns durch eine triviale Naturwissenschaft über die Stellung des Menschen in der Tierreihe gesagt werden kann. Alles andere ist ja wahr, aber dieses ist unendlich viel wichtiger. Wer etwas von dieser Tatsache fühlen will, muß sich damit bekanntmachen, wo die Veranlassung liegt, daß der Mensch ein aufrechtgehendes Wesen ist, ein Wesen, das zwar an die Erde gebunden ist, sich aber im Geiste durch seine Anschauung, schon durch seine sinnliche Wahrnehmung hinauserhebt in den Weltenraum.

Diese Veranlassung liegt darin, daß es einen gewissen Gegensatz gibt, eine Zweiheit, die sich im Kosmos so verhält wie eine andere Zweiheit im Menschen. Wir können hinweisen auf eine Zweiheit im Weltall und eine Zweiheit im Menschen wie auf zwei Gegensätze, die sich im Mikrokosmos und Makrokosmos entsprechen. Der Gegensatz, der im Makrokosmos, in der großen Welt gemeint ist, ist der Gegensatz von Sonne und Erde; und derselbe Gegensatz, der zwischen Sonne und Erde im Weltall besteht, besteht auch im Menschen: es ist der Gegensatz zwischen Kopf und Händen und Füßen, zwischen Kopf und Gliedmaßen. Diese Dinge werden im Laufe der Zeit immer mehr und mehr ausgeführt werden, aber Sie müssen sich damit zunächst einmal andeutungsweise bekanntmachen und fühlen lernen, daß in gewisser Beziehung Kopf und Gliedmaßen als eine Zweiheit im Menschen sich so verhalten, wie sich Sonne und Erde in unserem Sonnensystem selber verhalten. Denn in der Tat ruhen in unserer Erde die Kräfte, welche sich im Laufe der Zeit herausgebildet haben, geheimnisvolle Kräfte, die den Menschen auf der Erde befestigen und die gegenwärtige Konfiguration und Bewegungsmöglichkeit unserer Hände und Füße bewirkt haben, während die Kräfte, die sein Antlitz in den Weltenraum hinausgehoben haben, die ihn von einem Wesen, das die Erde anschaut, zu einem solchen gemacht haben, das in die unendlichen Weltenfernen hinausblicken kann, in der Sonne ihren Sitz haben. Und wer fühlen und empfinden kann, der fühlt und empfindet, wenn er die beim Menschen auftretende Gegensätzlichkeit von Kopf und Gliedmaßen anblickt, dasselbe, als wenn er auf seine Empfindung wirken läßt den Gegensatz von Sonne und Erde. Das ist ein solcher Gegensatz, der sich später einmal im Menschenleben vereinigen wird, wie er sich im Kosmos vereinigen wird. Wie einst die Sonne und die Erde ein Wesen waren und sich getrennt haben, eine Zweiheit geworden sind, ebenso werden sie sich wieder vereinigen. Ebenso wird, was im Menschen Gegensatz ist zwischen Kopf und Gliedmaßen, wiederum einmal eine Einheit werden, so schwer das vielleicht auch für den heutigen Menschen, der solcher Begriffe ungewohnt ist, vorzustellen ist.

So haben wir im Menschen hingedeutet auf einen Gegensatz und den entsprechenden Gegensatz im Weltall angeführt. Aber im Menschen finden sich noch andere Gegensätze, die auch ihre entsprechenden Gegenbilder im Weltall haben. In bezug auf den Gegensatz zwischen Kopf und Gliedmaßen sind auf unserer Erde sozusagen alle Menschen gleich. Mann und Frau haben diesen Gegensatz in gleicher Weise. Darin gibt es keinen Unterschied zwischen Mann und Frau, denn alles, was sonst als Gegensatz auftritt, zum Beispiel in der Seelenkonfiguration wird nicht durch diesen Gegensatz bewirkt. Wenn bloß dieser Gegensatz im Mikrokosmos und Makrokosmos bestände, würden Mann und Frau überhaupt gleich sein. Aber Mann und Frau sind ein anderer Gegensatz im Menschenwesen. Und nun können wir uns fragen: Können wir im Weltall auch einen Gegensatz finden, der im Menschenleben entspricht dem Gegensatz von Mann und Frau? Ist dieser Gegensatz, der im Erdendasein als Mann und Frau auftritt, auch herausgeboren aus dem Weltall? – Auch das gibt es. Und um diesen Gegensatz aufzusuchen, müssen wir uns jetzt ein wenig bekanntmachen im okkulten Sinne mit dem Gegensatz von Mann und Frau. Wir werden dabei nicht in den Fehler verfallen, in den unser materialistisches Zeitalter verfällt, das darauf ausgeht, den Gegensatz des Männlichen und Weiblichen, wie er einfach als Geschlechtsgegensatz in der physischen Welt auftritt, auch auf das ganze Weltall anzuwenden. Das ist nicht nur eine Trivialität, sondern eine Ungezogenheit unserer Gelehrsamkeit, wenn sie das, was uns auf einem Gebiete entgegentritt, hinauserstreckt auf alle anderen Gebiete.

Was sich auf unserer Erde als der Gegensatz von Mann und Frau manifestiert, dem entspricht im Weltall ein anderer Gegensatz, den wir nicht männlich und weiblich nennen können. Das wäre ein Unding. Aber wir müssen doch diesen Gegensatz einmal gerade in bezug auf seine okkulte Grundlage vor unser Auge treten lassen. Dieser Gegensatz des Männlichen und des Weiblichen in unserer Erdenentwicklung hat natürlich, wohlgemerkt, nichts zu tun mit dem «Menschen», der Mensch ist in Mann und Frau derselbe. Wenn man also von Mann und Frau spricht, bleibt man bei der Konfiguration von physischem Leib und Ätherleib stehen, das hat nichts zu tun mit dem Innern des Menschen, so daß man nicht im okkulten Sinne so sprechen darf, wie heute in unserer materialistischen Zeit gesprochen wird. Denn Mann und Frau haben auch einen astralischen Leib und ein Ich, während die gewöhnliche Anschauung überhaupt nichts kennt von dem, was den Menschen zum Menschen macht, und daher auch nur von Mann und Frau sprechen kann. Also wir sprechen jetzt nicht vom Menschen als solchem in Mann und Frau, sondern von dem, was den Menschen zum Mann oder zur Frau macht, und das ist nur die äußere Hülle. Das muß wohl verstanden werden. Wird von Mensch auf Mensch das angewendet, was in den nächsten Sätzen gesprochen wird, dann ist alles falsch. Der Gegensatz von Mann und Frau, in diesen Grenzen, liegt in folgendem.

Die äußere menschliche Gestalt war ja ganz anders in den Urzeiten der Menschheit. Die gegenwärtige Menschengestalt, also auch die gegenwärtige männliche beziehungsweise weibliche Gestalt haben sich erst herausgebildet aus einer früheren einheitlichen Gestalt, die noch nicht in den Gegensatz von Mann und Frau auseinandergefallen war. So haben wir also eine frühere Einheit und den heutigen Gegensatz von Mann und Frau. Nun wissen wir auch, daß die frühere Einheit eine feinere, geistigere war. Der Mensch hat sich zu der dichten materiellen Gestalt erst im Laufe der Zeit herausgearbeitet. Wir gehen also nicht bloß zurück zu einer Einheit der Gestaltung, sondern auch zu einer Einheit, die gegen die heutige Gestalt eine geistigere war. Wir haben also einen Urmenschen, der sich weder als Mann noch als

Weib darstellt, sondern als die noch nicht eingetretene Trennung dieses Gegensatzes, als die Einheit, und der feiner, ätherischer, geistiger ist als der spätere materiellere Mensch, der sich in dem Gegensatz von Mann und Frau auslebt. Worauf beruht es nun, daß aus der ursprünglichen Einheit später Mann und Frau entstanden ist? Das beruht darauf, daß die Frau, als die Einheit in die Zweiheit trat, einen physischen Leib sich herausgebildet hat, der nicht vollständig aus der früheren Gestalt in die, wenn wir so sagen können, normale materielle Gestalt übergegangen ist. Der Frauenleib ist auf einer geistigeren Stufe stehengeblieben, ist nicht bis zum vollen Maße des Materiellen heruntergestiegen. Er ist zwar materiell, dicht geworden, aber er hat in dieser Materialität eine frühere, geistigere Gestalt festgehalten. Es ist also eine geistige Stufe materiell geworden. Der Frauenleib hat gleichsam zurückgehalten eine frühere geistige Gestalt, ist nicht vollständig in die Materie heruntergestiegen. Das ist er zwar in bezug auf das Materielle, aber nicht in bezug auf die Form. Er hat sich die Form, die der Mensch früher gehabt hat, bewahrt. Daher können wir sagen: Die Frau stellt sich dar als die Offenbarung einer früheren Gestaltung, die eigentlich geistig sein sollte und so, wie sie sich heute darstellt, eigentlich falsch ist, eine Maja, eine Illusion ist. Wenn wir einen gewissen springenden Punkt in der Entwicklung annehmen würden, auf dem sich das Materielle kristallisiert, so können wir sagen: Die Frau ist nicht bis zu diesem springenden Punkt vorgedrungen, sie hat eine frühere Gestalt kristallisiert. Daher ist für den, der die Tatsachen des Lebens wirklich empfindet, oder imaginativ erkennen kann, der menschliche Frauenleib nur in bezug auf Kopf und Gliedmaßen einigermaßen eine wahre Gestalt, ein Ausdruck seines ihm zugrunde liegenden Geistigen, das heißt nur in Kopf und Gliedmaßen drückt sich etwas aus, was als materielle Erscheinung dem dahinterliegenden Geistigen ähnlich ist. Daher ist das dahinterliegende Geistige unähnlich der übrigen materiellen Gestalt, denn diese ist eine falsche Gestalt.

So also gilt der Satz, daß die Welt Maja ist, bis in alle Regionen hinein. Man muß ihn wirklich ernst nehmen. In abstracto zu denken, die Welt ist Maja, ist bequem. Derjenige hat erst diesen Satz begriffen, der damit Ernst macht und fragt: Inwiefern sind nun diese Gestalten Illusion? – Die einen sind es mehr, die anderen weniger. Es gibt Gestalten, die wenigstens annähernd, im äußeren Gleichnis, das dahinterliegende Geistige ausdrücken: das sind Kopf und Gliedmaßen; aber es gibt Gestalten, welche direkt falsch sind, die verzeichnet sind, und dazu gehört die übrige Leiblichkeit des Menschen. Die ist direkt verzeichnet. Und wenn einmal die Welt dies verstehen wird, wird man nicht mehr so töricht reden wie heute, sondern man wird sehen, daß es ein gewisses tieferes, feineres künstlerisches Empfinden gibt, das sich selber sagt, daß die Frauengestalt verzeichnet ist, wenn man von Kopf und Gliedmaßen absieht, und daß man sie korrigieren muß, wenn man sie künstlerisch wiedergeben will. In besseren künstlerischen Zeiten hat man das auch wirklich durchgeführt, denn keiner, der wirklich Formen betrachten kann, kann sich der Einsicht verschließen, daß bis zu einem gewissen Grade die Formen korrigiert sind an der Venus von Milo. Das sehen nur gewöhnlich die Menschen nicht.

Also wir haben hier den Menschen zerteilt in Glieder, die wahrer sind, weniger Illusion sind, und in solche, die mehr Illusion sind, die ganz verzeichnet sind. Aber das gilt nicht nur von der Frau. Für den Mann ist die Sache nur umgekehrt. Es ist der Gegensatz. Wie die Frauenform nicht bis zu dem normalen Punkt heruntergestiegen ist, um den entsprechenden Geist in der Materie auszudrücken, sondern sich auf einer früheren Stufe kristallisiert hat, so hat der männliche Leib den normalen Punkt übersprungen und ist gerade so weit darüber hinausgegangen, als die Frauenform davor stehengeblieben ist. Daher ist der männliche Leib tiefer heruntergestiegen in die Materialität, als es das normale Verhältnis gewesen wäre, und stellt das auch schon in seiner äußeren Gestalt dar. Er würde ganz anders aussehen, wenn er nicht den mittleren Punkt übersprungen hätte. Der menschliche Leib ist überhaupt nur in bezug auf Kopf und Gliedmaßen wenigstens annähernd eine Wahrheit. In bezug auf die übrige Gestalt aber müssen wir sagen, daß der Frauenleib auf einem gewissen Punkte stehen geblieben ist, sich verfestigt hat, bevor er sich in die Wellen des materiellen Daseins hineingestürzt hat, und uns daher eine ganz andere Gestalt zeigt, als diejenige wäre, wenn er sich kristallisiert hätte, als ihn die Wellen des materiellen Daseins berührt haben; der männliche Leib aber ist noch weiter untergetaucht und stellt in demselben Maße eine falsche, verzeichnete Gestalt dar wie der Frauenleib. So stellt der Frauenleib eine ins Geistige, der männliche Leib dagegen eine ins Materielle verzeichnete Gestalt dar. Die wahre Gestalt würde in der Mitte liegen, würde eine Durchschnittsgestalt von beiden sein.

Das beeinflußt natürlich in seinem Erdendasein den ganzen Menschen, insofern er eine physische Hülle hat. Mit dem Gegensatz zwischen Kopf und Gliedmaßen hat das nichts zu tun, aber es überträgt sich das, was jetzt gesagt worden ist, auf den ganzen Menschen in der einzelnen Inkarnation zwischen Geburt und Tod. Man inkarniert sich ja als Mann oder als Frau. Dadurch hat man mit dem zu rechnen, was sich als verzeichnet bei Mann oder Frau auslebt. Aber das erstreckt sich auf den ganzen Menschen, und die Folge davon ist, wenn man in einer Inkarnation einen weiblichen Leib hat, daß dieser ganze weibliche Leib durchbeeinflußt ist von diesem mehr Zurückgebliebensein in einem ursprünglicheren, weicheren Formzustand. Und in einer männlichen Inkarnation ist dieser ganze männliche Leib durchfiltriert von einem Zu-stark-untergetaucht-Sein in die grobe, feste Materie. Wenn man nur einmal im kleinsten Maße den Begriff davon bekommen hat, was es heißt, im Geiste denken, im Geiste leben und den physischen Leib als ein bloßes Werkzeug benutzen, wenn man sich nicht so darinnen stecken fühlt, daß man sich mit ihm identifiziert, dann kann man ein Lied singen gerade von der Misere, einen männlichen Leib, der natürlich auch sein Gehirn infiltriert, in einer Inkarnation benutzen zu müssen. Denn man merkt, daß auch die Formen des Gehirns, weil sie derber in die Materie hineingegangen sind, schwerer zu handhaben sind als die weicheren, nicht so stark in die Materie hineingegangenen Formen des weiblichen Gehirns. Es ist in der Tat eine schwierigere Sache, wenn man in die höheren Welten hinaufsteigen muß, sich ein männliches Gehirn zu trainieren, um die Wahrheiten in Gedanken umzusetzen, als ein weibliches Gehirn. Daher ist es nicht zu verwundern für die Leute, die denken können, wenn eine Weltanschauung, die als Neues in die Welt tritt, wie die geisteswissenschaftliche, leichter verstanden werden kann mit dem bequemer zu trainierenden weiblichen Gehirn als mit dem männlichen Gehirn, dem es schwerer ist, von gewissen Gedanken loszukommen, die es heute aufgenommen hat, weil das männliche Gehirn schwerer zu bearbeiten, schwerer zu handhaben ist. Deshalb wird Geisteswissenschaft auch so schwer Eingang finden bei den Männern, die heute in der Welt Kulturträger sind und mit den gewöhnlichen Kulturvorstellungen unseres heutigen Lebens behaftet sind. Wir müssen es durchaus verstehen, was für ein ungelenkes Ding das Gehirn eines Gelehrten ist, nicht nur, um Geisteswissenschaft aufzunehmen, sondern um mit dem, was es aus der Geisteswissenschaft aufnehmen kann, zu denken. Wir dürfen aber die Sache nicht auf den Kopf stellen und daraus irgendwelche Schlüsse ziehen, oder höchstens den, daß wir es nun doch als etwas um so Bedeutungsvolleres empfinden müssen, wenn nun recht viele Männer ihr Gehirn so handhaben, daß sie recht intim und nahe an die Geisteswissenschaft herankommen. Diese Dinge können ja zunächst nur angedeutet werden, aber wenn Sie dieselben auf sich so wirken lassen und darüber nachdenken, werden Sie ungeheure Perspektiven für das Menschenleben darinnen finden.

Wenn wir das Menschenleben in seinem Gegensatz von Mann und Frau vor uns hinstellen, dann haben wir etwas, was wir ein auf einer früheren Stufe Stehengebliebenes nennen können, und etwas, was eigentlich über eine gewisse Stufe der Gegenwart hinausgeschritten ist, was in einem gewissen karikierten Zustand eine zukünftige Form in die Gegenwart hereinnimmt, die eben daher karikiert erscheint. Eine frühere Gestalt des Leibes hat konserviert das Weibliche und eine spätere Gestalt hat hereingenommen das Männliche und sie so ausgebildet, wie sie in der Zukunft nicht sein darf. Daher ist der männliche Leib falsch geworden, weil er spätere Lebensbedingungen in einen früheren Lebenszeitraum hineingestellt hat.

Gibt es nun für diesen Gegensatz des Männlichen und Weiblichen auch eine Entsprechung im Kosmos? Gibt es im Kosmos etwas, was uns auf der einen Seite ein Dasein zeigt, eine Entwicklungsstufe, die gleichsam frühere Formen festgehalten hat und hineingetragen hat in ein späteres Dasein? Und gibt es auf der anderen Seite Formen, die eine gewisse Stufe überschritten haben, also in karikierter Form einen Zukunftszustand darstellen? Wenn wir die konkrete Entwicklung, wie wir sie aus der Akasha-Chronik kennen, uns vor Augen stellen, können wir etwa fragen: Gibt es im Kosmos draußen etwas wie ein altes Mondendasein, das nicht herein wollte zum Erdendasein, sondern das aus dem alten Monddasein etwas zurückbehalten hat wie ein Weibliches im Kosmos? Gibt es etwas, was wie ein altes Mondendasein eine frühere Stufe hereinträgt in die Gegenwart? Und gibt es im Kosmos etwas, was eine gewisse Stufe überschritten hat, sich verdickt und verdichtet hat, so daß es einen späteren Zustand, einen Jupiterzustand darstellt?

Das gibt es. Denselben Gegensatz wie männlich und weiblich im charakterisierten Sinne beim Menschen gibt es draußen im Kosmos: Es ist der Gegensatz von Kometarischem und Lunarischem, von Komet und Mond. Wenn wir den Komet in bezug auf sein Wesen verstehen wollen, wie er heute, gleichsam durchbrechend die anderen Gesetze des Sonnensystems, im Weltenraum herumwandelt, dann müssen wir uns klarmachen, daß es eigentlich die Gesetze des alten Mondendaseins sind, welche der Komet in unser Dasein hineinträgt. Das hat er sich bewahrt und ist damit in unser Dasein hineingegangen. Er hat die gegenwärtige Materie des Sonnen-Erdensystems angenommen, ist aber stehengeblieben in bezug auf Bewegung und sein Wesen auf der Stufe der Naturgesetzlichkeit, die unser Sonnensystem hatte, als die Erde noch Mond war. Er hat einen früheren Zustand hereingetragen in einen späteren, in die Gegenwart, wie der weibliche Leib einen früheren Zustand in das gegenwärtige Dasein hereinträgt. Das Kometarische ist der eine Teil eines solchen Gegensatzes, das Mondendasein als sein Gegensatz stellt die andere Seite dar. Als der Mond in der lemurischen Zeit sich aus der Erde heraus entwikkelte, hat er gewisse Teile mitgenommen, die herausgenommen werden mußten aus der Erde, damit sich der Mensch überhaupt als Mensch entwickeln konnte. Die Erde durfte nicht so dicht werden, wie sie geworden wäre, wenn sie den Mond in sich behalten hätte. Der Mond stellt in der Tat einen karikierten Jupiterzustand dar. Wie sich eine frische, reife Frucht darstellt gegenüber einer, die, ganz verrunzelt, sich in die Materie hinein versteinert hat, so ist der Mond in seiner Konfiguration über eine gewisse mittlere Gestalt hinausgeschritten, wie das Männliche im Menschen in seiner Form bei der Gestaltung diese Mitte überschritten hat. Ganz denselben Gegensatz, den wir im Menschenleben haben als den Gegensatz des Männlichen und Weiblichen, haben wir im Kosmos zwischen Lunarischem und Kometarischem.

So gehören die Dinge zusammen: wie Sonne und Erde, so Kopf und Gliedmaßen, wie Mond und Komet, so Mann und Frau im Menschen. Nur dürfen wir damit nicht wieder nach Hause gehen und sagen: Nun, da haben wir ja wieder etwas, was wir uns so hübsch als einen Gegensatz merken können! – Wir müssen die

Dinge tief ernst nehmen und uns klar sein, daß zu anderen Zeiten noch etwas anderes gesagt worden ist. Wir müssen in Betracht ziehen, daß der Mann nur in bezug auf seinen physischen Leib männlich ist, in bezug auf seinen Ätherleib dagegen weiblich, und daß umgekehrt die Frau nur in bezug auf ihren physischen Leib weiblich ist. Was für das Weibliche des Weibes gilt für den physischen Leib, das gilt auch für den Ätherleib des Mannes, so daß auch der Ätherleib des Mannes zum Ätherleib der Frau sich verhält wie Komet zum Mond. Wenn Sie nun wollen, können Sie sagen: Dadurch verschwimmt ja wiederum alles! –

Aber so sind die Dinge. In jeder Kultur, die ihre Begriffe geschaffen hat mit einem verdickten Gehirn, gehen ja die Begriffe darauf hinaus, möglichst dicke Konturen zu schaffen, an denen gar nicht gerüttelt werden kann, so daß man, wenn man solche Begriffe hat, ganz daran festhalten muß. Das läßt sich aber der Geist nicht gefallen. Der Geist ist etwas Bewegliches, und wenn wir uns Begriffe gebildet haben, müssen wir sie beweglich erhalten. Daher müssen wir auch für das Männliche in der Frau und für das Weibliche im Manne durchaus das anwenden, was eben von Mond und Komet in bezug auf Mann und Frau gesagt worden ist. Es gilt eben das, was gesagt worden ist, in bezug auf das Männliche und Weibliche, wie es uns im Menschenleben entgegentritt, und nicht für Mann und Frau, wie sie uns äußerlich entgegentreten.

So haben wir im eminenten Sinne interessante Zusammenhänge zwischen Menschenentwicklung und Weltenentwicklung gefunden. Ganz gewiß wird – ich habe auch schon darauf aufmerksam gemacht – derjenige, der heute auf dem kurulischen Stuhl der wahren wissenschaftlichen Weltanschauung sitzt, solche Dinge über Komet und Mond höchst verrückt und närrisch finden. Er mag es tun. Er hat eben nicht den Willen, auf die Wahrheit wirklich einzugehen. Wir auf dem Boden der Geisteswissenschaft können die Brücke ziehen zwischen dem, was aus dem Geistigen kommt, und dem, was auf dem physischen Plan sich uns darstellt. Die anderen wollen es nicht.

Im Jahre 1906 während des Kongresses in Paris habe ich darauf aufmerksam gemacht, daß die Geistesforschung aus ihrer Erkenntnis der kometarischen Natur sagen kann: Weil auf der Erde Verbindungen von Kohlenstoff und Sauerstoff dieselbe Rolle spielen, welche während des alten Mondendaseins die Verbindungen von Kohlenstoff und Stickstoff gespielt haben, das heißt Zyanverbindungen, so muß das kometarische Dasein blausäureartige Verbindungen enthalten, Zyanverbindungen, die sich aus Kohlenstoff und Stickstoff zusammensetzen. Diejenigen, die diese Dinge aufmerksam verfolgt haben, werden sich das bewahrt haben. So ist also aus der Geisteswissenschaft heraus längst gesagt worden, daß unsere Kometennaturen irgendwelche zyanartige Verbindungen enthalten. In den letzten Wochen ist diese Tatsache als eine äußere spektralanalytische Tatsache durch die Zeitungen gegangen. Es ist das nur ein Fall, hundert andere könnten ebenso angeführt werden, wie die Geistesforschung ihre Brücke ziehen kann zu den Tatsachen der äußeren Forschung. Spektralanalyse hat in diesem Falle nach Jahren das konstatiert, was aus der Geisteswissenschaft heraus bereits vor Jahren gesagt worden ist. Nirgends widersprechen die Tatsachen der äußeren materialistischen Forschung den Tatsachen der Geistesforschung! Auf so etwas, wie das eben Gesagte, darf man sich berufen, wenn diejenigen, die auf dem kurulischen Stuhl der wahren Wissenschaft sitzen, immer wieder kommen und auf die äußeren Tatsachen hinweisen. Wir dürfen die äußeren Tatsachen nur nicht verwechseln mit den engbegrenzten Begriffen, welche die Menschen sich selber ziehen. Wenn das alles Tatsachen wären, was heute Naturwissenschaft ist, dann würde die Naturwissenschaft sehr der Geisteswissenschaft widersprechen; aber das sind gar nicht Tatsachen, sondern nur korrupte Begriffe derjenigen, die durch unsere heutigen Zeitverhältnisse eben berufen sind, mit den Dingen zu hantieren.

Nun können wir uns noch das Folgende fragen, nachdem wir uns diesen Gegensatz vor Augen gerückt haben, der sich im Menschenleben ebenso wie im Kosmos findet: Was wird denn damit eigentlich herausgeboren aus dem Weltall, wenn wir diesen ganzen Gegensatz des Kometarischen und Lunarischen ins Auge fassen?

Es ist etwas schwer, das ganz Gewaltige, was dieser Tatsache zugrunde liegt, in einer verhältnismäßig kurzen Zeit zu charakterisieren. Daher gestatten Sie einmal, daß ich davon ausgehe, vergleichsweise das Menschenleben zu charakterisieren, wie es verfließt, wenn wir es in seinem äußeren Verlauf betrachten. Da gibt es zunächst etwas, von dem man sagen könnte, es verläuft im guten Sinne bürgerlich von Tag zu Tag. Man steht des Morgens auf, nimmt das erste Frühstück, dann geht es weiter nach dem, was eben jeder Tag bringt nach den gewöhnlichen Gesetzen des Tages. Aber es gibt auch in diesem Leben des Menschen Ereignisse, die hineinschlagen und mit einem Schlage Veränderungen in den Verlauf des Alltags bringen. Nehmen wir einmal an, ein Mann und eine Frau leben so recht gutbürgerlich eine Zeitlang dahin mit dem gewöhnlichen, nur wenig variierten Tagesprogramm. Aber etwas anderes kommt, was tatsächlich eine Art Ruck bildet im gewöhnlichen äußeren Leben derjenigen Menschen, die unter solchen Verhältnissen stehen. Ein solcher äußerer Ruck ist es, wenn ein neuer Mensch sich verkörpert, als Erdenbürger ins Dasein hineintritt. Das unterscheidet sich gewaltig von dem gewöhnlichen Gang des alltäglichen Lebens. Wenn aber ein neuer Weltenbürger hereintritt in den Horizont von Mann und Frau, so fällt damit tatsächlich etwas hinein, was dem ganzen Familienzusammenhang ein neues Gepräge gibt. Das wollte ich zum Vergleich heranziehen, weil wir dadurch den tiefen okkulten Hintergrund des Kometendaseins ein wenig zum Verständnis bringen können. Es verläuft sozusagen auch im Kosmos das Leben von Tag zu Tag, von Jahr zu Jahr «gut-bürgerlich». Es geht da jeden Tag dasselbe vor: Die Sonne geht auf und unter, die Pflanzen blühen im Frühling, im Herbst dorren sie ab; und wenn es einmal Regen oder Sonnenschein gibt, oder Hagelschlag oder dergleichen eintritt, so entspricht das den Ereignissen, die auch sonst im gewöhnlichen Leben geschehen, wenn zum Beispiel statt des gewöhnlichen Tees einmal ein festliches Kaffeekränzchen veranstaltet wird. Solche Dinge sehen wir durchaus im gewöhnlichen Trott fortgehen. Das alles hängt zusammen mit den Gesetzen, die einmal den Bewegungen von Sonne, Erde und so weiter zugrunde liegen, und wie sie sich Jahr für Jahr, Tag für Tag vollziehen. Aber in diesen Gang ragen in merkwürdiger Weise herein die selteneren, aber sich doch wiederum in gewisser Beziehung wiederholenden Erscheinungen der Kometen. Sie ragen ebenso herein in den Gang der kosmischen Geschehnisse wie ein neuer Erdenbürger, der in den Horizont von Mann und Frau hereintritt. Durch das Erscheinen des Kometen im Kosmos wird tatsächlich in das Menschheitsdasein etwas hineingeführt, was nicht auf dem gewöhnlichen Gang des Lebens gegeben werden könnte. Es muß, wenn die Entwicklung fortgehen soll, nicht bloß das geben, was sich von Tag zu Tag wiederholt, sondern es muß Neues hineingefügt werden in diesen Zusammenhang. Wie in das einzelne Familienleben mit einem neuen Erdenbürger etwas ganz Besonderes hineinkommt, so kommt in den Fortschritt des Menschengeschlechtes auf der Erde durch diese, den gewöhnlichen Fortgang des Weltendaseins durchbrechende Erscheinung des Kometen etwas ganz anderes hinein. Es wird tatsächlich gleichsam etwas Neues geboren, wenn der Komet in die Welt tritt.

Für den, der geistig diese Dinge untersuchen kann, gibt es dabei die Möglichkeit, ganz genau darauf hinzuweisen, wie die einzelnen Kometen ihre Funktionen haben, dieses oder jenes geistig Neue hineinzuführen in die Welt. So ist der Halleysche Komet einer von denjenigen, der so, wie er periodisch erscheint, immer wieder etwas ganz bestimmtes Neues gebiert im Menschenleben.

Während sich sonst die Dinge in der gewöhnlichen Weise wiederholen, bringt der Komet eine seelisch-kulturelle Neugeburt hervor. Was damit gemeint ist, kann ich Ihnen charakterisieren, wenn ich nur die drei letzten Erscheinungen des Halleyschen Kometen anführe von den Jahren 1759, 1835 und diejenige, vor der wir gegenwärtig stehen. Was für eine Aufgabe – andere Kometen haben andere Aufgaben – kommt diesen drei letzten Erscheinungen zu?

Neugeburten im Weltall sind nicht bloß solche, welche wir mit derselben Freude begrüßen wie einen jungen Erdenbürger, der in eine Familie hineintritt. Im Weltall wird alles geboren, was die Menschheit vorwärts- oder aber auch zurückbringt. Nun hängt das Erscheinen des Halleyschen Kometen, das heißt also, was er geistig bedeutet für die Fortentwicklung der Menschheit, mit demjenigen zusammen, was die Menschheit aufnehmen mußte aus dem Kosmos in den verschiedenen Zeiten des Kali Yuga, um immer mehr in bezug auf das Denken in die Materialität hineinzusteigen. Mit jedem neuen Erscheinen wurde für die Menschheit ein neuer Impuls geboren, um aus einer spirituellen Weltanschauung das Ich herunterzutreiben, um die Welt materialistischer aufzufassen. Nicht ein Heruntersteigen in die Materie ist gemeint, sondern dasjenige, was das menschliche Ich aus dem Weltall aufnehmen muß an geistiger Substanz, um von einem spirituellen Dasein hinunterzutreiben in die Sphäre der materialistischen Anschauungen. Alle diejenigen Anschauungen aus der zweiten Hälfte des 18. Jahrhunderts, die man die «seichte Aufklärung» nennt, und die Goethe so verspottet hat in «Dichtung und Wahrheit» als jene Anschauungen, wie sie zum Beispiel in Holbachs «Système de la Nature» ihren Vertreter gefunden haben, sie begreift man kosmisch durch die Erscheinung des Halleyschen Kometen vom Jahre 1759. Der banalen materialistischen Literatur vom zweiten Drittel des 19. Jahrhunderts ging voran die Erscheinung des Halleyschen Kometen vom Jahre 1835. Die Dinge, die auf der Erde geschehen mikrokosmisch, hängen makrokosmisch zusammen mit den Dingen in der großen Welt. Mit der Erscheinung des Halleyschen Kometen vom Jahre 1835 war wiederum geboren ein neuer Impuls in den Materialismus herunter. Und Büchner, Vogt und Moleschott sind diejenigen, die auf der Erde ausleben, was aus dem Kosmos herunter wie ein gewaltiges Zeichen mit dem Halleyschen Kometen erschienen ist. Und jetzt stehen wir davor – weil die Menschheit eben geprüft werden muß, sich aus sich selber emporringen muß, die Widerstände der Spiritualität fühlen muß, um dann um so mehr Kräfte zu ihrem Aufstieg zu entfalten –, jetzt stehen wir davor, daß wir mit dem neuen Erscheinen des Halleyschen Kometen aus dem Weltall zugesendet erhalten die Kräfte, welche die Menschheit in einen noch flacheren, in einen noch abscheulicheren Materialismus herunterführen können. Geboren werden kann etwas, was sich vielleicht selbst die flachsten Flachlinge des Büchnerianismus nicht denken können. Diese Möglichkeit muß gegeben sein. Denn nur, wenn der Mensch die ihm widerstrebenden Mächte überwindet, kann er sich die hinaufführenden starken Kräfte aus dem Weltall aneignen.

Wenn wir das ins Auge fassen, werden wir in der richtigen Weise dem gegenüberstehen, was wir Zeichen des Himmels nennen können. Es ist durchaus der Fall, wenn es nur nicht abergläubisch aufgefaßt wird, sondern im Sinne der großen Weltengesetze: Es steckt der Herrgott wieder einmal die Himmelsrute heraus, um den Menschen zu zeigen, was sie zu tun haben. Und die gegenwärtige Erscheinung des Halleyschen Kometen ist eine solche, die beachtet werden muß. Denn es muß ein gewaltiger Impuls zum Aufstieg erfolgen, um herauszukommen aus dem Versunkensein in eine materialistische Weltanschauung zur Spiritualität. Wie uns die Möglichkeit gegeben ist, in den Materialismus hinein zu versumpfen, so ist uns auf der anderen Seite die Möglichkeit gegeben, hinaufzusteigen zu helleren, geistigeren Höhen.

In den letzten Vorträgen ist klar und deutlich erwähnt worden, daß sich noch in der ersten Hälfte des 20. Jahrhunderts als natürliche Eigenschaft bei einzelnen Menschen ein ätherisches Hellsehen ausbilden kann. Damit der Mensch nicht weiter herunterzusinken braucht in den Materialismus, was ihm durch ein Zeichen jetzt, 1910, angedeutet wird, kann heute schon für denjenigen, der Verständnis für Geisteswissenschaft hat, das vor Augen stehen, daß sich im Schoße der menschlichen Seele die Kräfte entwikkeln, die den Menschen über allen Materialismus hinüberführen können. Wenn der Mensch diese Kräfte versteht, werden sie ihn lehren können, selber die ätherische Natur des Christus zu sehen. Wir leben an einem wichtigen Kreuzungspunkt, wo selbst durch Zeichen vom Himmel dem Menschen gelehrt wird, daß der Weg nach der einen Seite noch weiter in den materialistischen Sumpf gehen kann, nach der anderen Seite jedoch dahin, wo sich die Kräfte beim Menschen entwickeln müssen, die nach dem Ablauf des Kali Yuga zum ätherischen Hellsehen führen. Es steht wahrhaftig so mit uns, daß der Ruf Johannes des Täufers: Ändert die Seelenverfassung! – auch für unsere Zeit gilt. Das kann durchaus betont werden. Wie uns auf der einen Seite die Möglichkeit gegeben ist, in dem materialistischen Sumpf zu verkommen, ist uns auf der anderen Seite die Möglichkeit gegeben dadurch, daß die Sonne im Frühlingspunkt einen gewissen Punkt im Sternbild der Fische erreicht, das zu gewinnen, was ein gewisses ätherisches Hellsehen ist. Auch für den spirituellen Aufstieg sind die Zeichen im Kosmos da, die uns anzeigen, wie die Kräfte aus dem Kosmos kommen. Der Mensch muß dadurch, daß er sich in die Geisteswissenschaft hineinfindet, sich ein Verständnis aneignen für diese Entscheidung. Und erst der versteht Geisteswissenschaft recht, der sich für diese Entscheidung das Verständnis aneignet. Hindurchschreiten müssen wir durch die Prüfung, die uns auferlegt wird durch Zeichen des Himmels und die wir jetzt erkannt haben zum Beispiel in dem Erscheinen des Halleyschen Kometen.

Stellen wir uns nun die Christus-Erscheinung vor, wie sie für die ersten Vorzügler in den nächsten 2500 Jahren auftreten wird, wie es für den Paulus vor Damaskus der Fall war. Der Mensch wird aufsteigen zur Erkenntnis der spirituellen Welt, wird durchsetzt sehen die physische Welt mit einem neuen Lande, mit einem neuen Reich. Verändert wird in den nächsten 2500 Jahren der Anblick der physischen Umgebung für den Menschen sein, indem hineintreten wird für ihn ein ätherisches Gebiet, das da ist, das aber der Mensch erst wird sehen lernen müssen. Dieses ätherische Gebiet liegt jetzt schon vor demjenigen ausgebreitet, der seine esoterische Schulung bis zur Erleuchtung gebracht hat, auch vor dem Eingeweihten des Kali Yuga. So ist das, was in Zukunft die Menschen immer mehr und mehr sehen werden, für den Eingeweihten bis in hohe Höhen hinauf da. Und der Eingeweihte holt sich immer wieder nach einer bestimmten Zeit, wenn er es braucht, Kräfte aus diesem Gebiet. Er holt sich seine Kräfte, wenn er etwas auszuführen hat, aus jenem Gebiete des für den Eingeweihten sichtbaren Erdenkreises, der da ist, aber nur für den Menschen, der hineinschauen kann. Das kann uns ein Verständnis dafür geben, daß wir wissen, daß ein Teil jenes Landes, aus dem der Eingeweihte immer wieder während des Kali Yuga seine Kräfte geschöpft hat, für einen großen Teil der Menschheit während der nächsten 2500 Jahre ausgebreitet sein wird.

Früher, in den Zeiten eines uralten Hellsehens, konnte der Mensch ohne das starke Ich-Bewußtsein hineinschauen in die geistige Welt, so daß er damals schon in gewisser Weise das gesehen hat, was er jetzt wieder sehen wird, aber jetzt so, daß er hineintreten wird mit seinem neuen Selbstbewußtsein. Damals sah er es in traumhaft ekstatischen Zuständen, oder beim Hineinschauen in die eigene Seele. Damals war diese Welt vorhanden vor dem Blick, der während des Kali Yuga nur ein physischer Blick geworden ist. Daher erzählen uns die Traditionen, welche sich ein Andenken an das alte Hellsehen bewahrt haben, von einem unbekannten Märchenlande, das dem Blick des heutigen Menschen entschwunden ist. Und es gibt in der morgenländischen Literatur wunderbare Schriften mit einem eigenartigen tragischen Zauber in ihrem Inhalt, der etwa sagt: Es hat einmal im Menschenreich die Möglichkeit gegeben, hinzupilgern zu einem Lande, wo herausgeflossen ist alles Geistige in ein physisch Sinnliches. Es ist das Land, aus dem in entsprechenden Zeiten die Eingeweihten und aus dem die Bodhisattvas immer wieder ihre Kraft schöpfen. Mit tiefer Wehmut wird von diesem Lande in den orientalischen Schriften gesprochen, wo es in einigen etwa heißt: Wo ist es? Es wird uns gesagt, wie die Orte heißen, Wege werden genannt, aber selbst vor den angesehensten Lamas des tibetanischen Gebietes hat es sich verborgen. Nur den Eingeweihten ist es zugänglich! Aber es wird davon erzählt, daß dieses Land wieder zur Erde kommen werde. Und das ist wahr: Es wird zur Erde kommen! Und der Führer dazu wird derjenige sein, den die Menschen sehen werden, wenn sie durch das Ereignis von Damaskus hineingelangen werden in das Land «Schambhala». Schambhala, so heißt das Land, hat sich zurückgezogen vor dem Blick der Menschen. Es ist heute nur zu betreten für die, welche sich als Eingeweihte nach bestimmten Zeiten ihre Kräftigung von dort zu holen haben. Die alten Kräfte führen nicht mehr in das Land Schambhala. Daher sprechen die orientalischen Schriften mit so tragischer Wehmut von dem untergegangenen Lande Schambhala. Aber es wird das Christus-Ereignis, das durch die erwachten neuen Fähigkeiten in diesem Jahrhundert den Menschen beschert sein wird, wiederbringen das Märchenland Schambhala, das während des Kali Yuga im Grunde nur der Eingeweihte kennen konnte.

So also steht die Menschheit vor der Entscheidung: Entweder mit dem, was durch den Halleyschen Kometen kommt, heruntergeführt zu werden in eine Finsternis, die noch unter dem Kali Yuga liegt, oder durch anthroposophisches Verständnis nicht zu übersehen dasjenige, was veranlagt ist an neuen Fähigkeiten, um die Wege zu finden nach dem Lande, das heute gemäß der orientalischen Literatur verschwunden ist, das aber der Christus der Menschheit wieder zeigen wird: nach dem Lande Schambhala. Das ist der große Punkt am Scheidewege: Entweder hinunter oder hinauf; entweder in etwas, was als ein Welten-Kamaloka noch unter dem Kali Yuga liegt, oder in das, was dem Menschen möglich macht jenes Gebiet zu betreten, was in Wahrheit gemeint ist mit der Bezeichnung Schambhala.

SECHSTER VORTRAG

BERLIN, 2. MAI 1910

In diesen Wintervorträgen hat uns von den verschiedensten Seiten her viel die Frage beschäftigt nach dem Wesen des Christus, und wir haben in der mannigfaltigsten Weise klarzulegen versucht, was wir den Christus-Impuls in der Menschheitsentwicklung nennen, als das Gewaltigste innerhalb unserer ganzen Erdenentwicklung. Daher kann es begreiflich erscheinen, daß erstens dieses Thema überhaupt nicht erschöpft werden kann, sondern daß man sozusagen Unendliches zu tun hätte, wollte man den Christus-Impuls allseitig klarlegen. Auf der anderen Seite kann aber wieder auch das klar sein, daß nach allen unseren Voraussetzungen im Grunde genommen alles, was den Menschen interessieren kann, an die Besprechung der Christus-Erscheinung anzuschließen ist. Wir haben ja gesehen, daß die Evangelien selbst von vier verschiedenen Seiten her dem Wesen des Christus nahezukommen suchen, und wir haben verschiedenes angedeutet über die Geheimnisse der einzelnen Evangelien.

Nur bis zu einem gewissen Grade konnten wir in das Matthäus-Evangelium hineinleuchten. Es wird nun späteren Vorträgen überlassen bleiben müssen, im Zusammenhang wieder zurückzukommen auf die Geheimnisse des Matthäus-Evangeliums, um dann hineinzusteigen in die Tiefen des Markus-Evangeliums. Würden wir jetzt am Ende des Winters in unserem Zweige auch nur mit einigen skizzenhaften Andeutungen auf das hinweisen wollen, was uns noch übriggeblieben ist, so würde das zu sehr für die nächsten Zeiten die Geschlossenheit der Vorträge zerstören. Daher sollen heute und das nächste Mal von mir Fragen berührt werden, die in gewisser Beziehung von einer anderen Seite her an das Christus-Problem herankommen, und zwar soll heute berührt werden die Frage nach dem Zusammenhang des menschlichen Gewissens mit dem Einschlag des Christus-Impulses in die Menschheitsentwicklung. Damit wird zugleich noch etwas anderes erreicht. Am nächsten Donnerstag haben wir den öffentlichen Vortrag über das menschliche Gewissen, und auch heute soll hier im Zweige über dasselbe Thema gesprochen werden. Damit wird aber eine ganz bestimmte Absicht verfolgt, eine Absicht, die später noch öfter vor unser geistiges Auge treten soll. Es soll nämlich gezeigt werden, daß über denselben Gegenstand in einer andern Art gesprochen werden soll innerhalb einer solchen Arbeitsgruppe, in der wir uns befinden, als in einem öffentlichen Vortrage, der auch für diejenigen bestimmt ist, die der geisteswissenschaftlichen Bewegung noch nicht angehören. Der Anthroposoph soll ja unter den mancherlei Dingen, die sich als Eigenschaften festsetzen sollen in seinem Gemüt, auch ein Gefühl dafür bekommen, daß man den Dingen der Welt von den verschiedensten Standpunkten und Seiten beikommen soll und daß der, welcher schon gewisse Voraussetzungen hat, anders über eine Sache sprechen und hören kann als jemand, der solche Voraussetzungen nicht hat. Wenn wir in einer Arbeitsgruppe sprechen, so setzen wir voraus, daß das Gemüt sich bis zu einem gewissen Grade hineingelebt hat in die Vorstellungen einer geistigen Welt, drinnensteht in Empfindungen und Gefühlen von der geistigen Welt und daß aus diesen Empfindungen, Gefühlen und Gedanken, die über die geistige Welt aufgenommen worden sind, sich zusammenfügen kann eine Vorstellung über eine solche Sache, wie das menschliche Gewissen es ist. Es kann also aus viel intensiveren Tiefen heraufgeholt werden die Antwort auf solche Fragen in einer Arbeitsgruppe als in einem öffentlichen Vortrag, der vor einem nicht anthroposophischen Publikum gehalten wird. Sollen ja doch diese öffentlichen Vorträge die Aufgabe haben, durch die Erscheinungen des Seelenlebens, die man zunächst wie äußere Erlebnisse heranzieht, nach und nach erst etwas wie eine

Art Beweis dafür herbeizutragen, daß die Wahrheiten, die wir in der Geisteswissenschaft kennen, wirklich Wahrheiten sind. Das ist eine andere Aufgabe als für den Geisteswissenschafter selber zu sprechen, der gewisse Voraussetzungen, Überzeugungen, vielleicht auch gewisse Anschauungen über die geistige Welt schon mitbringt. Der Geisteswissenschafter soll sich eben nach und nach aneignen, die Begriffe und Vorstellungen, welche ihm dies und jenes erklären, in der verschiedensten Weise aus den verschiedensten Quellen und Seiten herholen zu lernen, und der Geisteswissenschafter soll sich abgewöhnen lernen die Unart, die aber notwendigerweise im äußeren Leben bestehen muß, als ob man nur in einer Art und Weise über eine Sache sprechen könnte.

Das menschliche Gewissen ist etwas, was uns ja im Tiefsten der Seele berühren muß. Und wo uns seit Jahrhunderten Philosophen oder sonstige Denker über die Welt entgegentreten, da ist es in der Regel auch die Frage nach dem, was man das menschliche Gewissen nennt, die sie interessierte. Man könnte nun gerade einer solchen Erscheinung wie dem Gewissen gegenüber sich leicht einer Illusion hingeben: der Illusion, die hier schon öfter eben als Illusion bezeichnet worden ist, und die darin bestehen würde, daß man glaubte, alles was in der menschlichen Seele heute gegenwärtig ist, das sei schon immer dagewesen. Wir haben aber gesehen, daß die verschiedensten Seelenfähigkeiten und Seelenvorgänge, welche sich im Menschen im Laufe der Jahrtausende entwickelt haben, in der Urzeit ganz andere waren, als sie gegenwärtig sind. Und auch mancherlei von dem, was wir heute als das Teuerste, als das Bedeutsamste besitzen in unserem Seelenleben, haben unsere Seelen nicht gehabt, als sie vor vielen Jahrtausenden in anderen Verkörperungen auf der Erde wandelten. Das Durchgehen durch verschiedene Verkörperungen hat ja einen Sinn. Wir haben das oft betont. Es hat den Sinn, daß die Seele, indem sie sich von Verkörperung zu Verkörperung entwickelt, immer neue Fähigkeiten und

Kräfte sich aneignen kann, daß die Seele wirklich eine Geschichte durchmacht, daß ihr Erdendasein eine Lehrzeit ist, daß sie etwas anderes gewesen ist in der Zeit, als unsere Verkörperungen begonnen haben, und etwas anderes ist jetzt, und etwas anderes sein wird in einer fernen Zukunft.

Auch das menschliche Gewissen, dieses teure Gut der Menschenseele, welches wie eine Gottesstimme ruft gegenüber dem Guten und gegenüber dem Bösen in jedem individuellen Menschen, auch diese teure Gabe des menschlichen Innern ist nicht immer dagewesen. Auch dieses Gewissen ist etwas, was sich entwickelt hat. Und es ist sogar verhältnismäßig noch nicht lange her, seit sich dieses menschliche Gewissen ankündigte und sich seitdem immer weiter und weiter entwickelt hat. Und wenn es auch ein teures Gut ist, so ist es dennoch nicht dazu berufen, immer in derselben Weise durch alle folgenden Inkarnationen hindurch in der menschlichen Seele zu leben, so wie jetzt. Es wird sich weiter entwickeln, es wird andere Gestalten annehmen, wird sich erweisen als etwas, was sich der Mensch anzueignen hat, was ihm Früchte tragen wird und was in späteren Zeiten, wenn er diese Früchte haben wird, etwas sein wird, auf das er zurückblickt und sagt: Es gab eine Epoche, da wurde es mir möglich, auf dem Durchgange von Inkarnation zu Inkarnation meinem Seelendasein das einzuverleiben, was das Gewissen ist, und jetzt habe ich die Früchte von dem, was ich einst meiner Seele einverleibt habe. – Wie wir heute zurückschauen auf eine Zeit, wo unsere Seelen in anderen Verkörperungen waren und das noch nicht hatten, was wir heute Gewissen nennen, so werden in späteren Zeiten unsere Seelen einstmals zurückblicken auf unsere gegenwärtigen Inkarnationen und werden sagen: Heil jener Vergangenheit! Dank jenen Gaben, die uns in der Vergangenheit geworden sind als menschliches Gewissen! Hätten wir damals nicht das menschliche Gewissen entwickeln können in unsern Seelen, so würde uns jetzt das fehlen, was wir brauchen zu dem jetzigen Leben!

Daraus schon sehen wir, daß das Gewissen zu den seelischen Gütern der Gegenwart gehört und daß es etwas wie Verständnis unserer Gegenwart ist, wie Verständnis des Seelenlebens unserer Gegenwart, wenn wir etwas verstehen von der Natur und dem Wesen des menschlichen Gewissens. Daß es entstanden ist, darauf wurde ja in manchem Zusammenhange schon aufmerksam gemacht. Darauf wird auch am nächsten Donnerstag hingedeutet werden, daß man sozusagen mit Fingern hinweisen kann auf den Zeitpunkt, wo das Gewissen für die menschliche Seele erst entdeckt worden ist. Wenn wir einige Jahrhunderte zurückgehen in das alte Griechenland, so finden wir kaum ein halbes Jahrtausend vor dem Beginn der christlichen Zeitrechnung den großen Dichter Äschylos. Wenn wir bei ihm, bei diesem gewaltigen Genius der griechischen Urdramatik uns umsehen, wenn wir seine Gestalten auf uns wirken lassen, so finden wir in seiner Dramatik das, was wir heute mit dem Ausdruck Gewissen bezeichnen, noch nicht mit einem ähnlichen Ausdruck bezeichnet. Ein halbes Jahrtausend vor dem Beginn der christlichen Zeitrechnung gibt es für den größten Dramatiker noch keinen Ausdruck für das, was wir heute als das menschliche Gewissen bezeichnen. Wenn er ausdrücken will den menschlichen Seelenvorgang, der dem entsprechen würde, was wir heute Gewissen nennen, dann muß er es in der Weise tun, daß jemand, der zum Beispiel das Unrecht des Muttermordes begangen hat, durch die Gewalt dieses Ereignisses ins Geistige hineinschaut und Gestalten sieht im Geistigen, die das alte Griechentum die Erinnyen, das spätere Römertum die Furien genannt hat. Das heißt, wer ein Unrecht wie den Muttermord getan hat, der vernimmt bei Äschylos nicht das, was wir heute die vorwerfende Stimme des Gewissens im eigenen Innern nennen, sondern ihn drängt etwas, geistig zu schauen die Gestalten, die wie die Rächer seiner Tat ihn umgeben.

Das ist einer der besonderen Beweise, die Sie finden können in der geschichtlichen Entwicklung der Menschheit für das, was in umfassender Weise eben charakterisiert worden ist. Das menschliche Seelenvermögen war in alten Zeiten ganz anders. Wir haben immer betont, daß die menschliche Seele sich erst nach und nach entwickelt hat zu ihrer jetzigen Fähigkeit, die physisch-sinnliche Welt durch die Sinne so wahrzunehmen, wie sie es heute kann, und den Verstand so zu gebrauchen, wie sie ihn heute gebraucht. Wir haben betont, daß die Seele in alten Zeiten als normales Vermögen ein gewisses Hellsehen hatte. Dieses Hellsehen trat zur Zeit des Äschylos nur noch in besonderen Fällen ein. Hellsichtig wird die Seele zum Beispiel, um das zu schauen, was sie in der physischen Welt durch ihr Unrecht angerichtet hat. Hellsichtig wird die Seele des Orest, nachdem er den Muttermord begangen hat. Da sieht sie, welche Geister sie durch ihre Tat wachgerufen hat in der geistigen Welt. Die dringen an sie heran. Nicht im Innern der Seele sitzt so etwas wie das Gewissen, sondern hellsichtiges Bewußtsein tritt auf, um die Unordnung zu sehen, die wachgerufen ist dadurch, daß in der physischen Welt ein Unrecht begangen worden ist. Das würden wir in alten Zeiten überall finden: Wer ein Unrecht getan hat, hört noch nicht die warnende Stimme des Gewissens, denn die Seele ist in alten Zeiten im Zustande des Hellsehens und sieht da, was entstanden ist in der Außenwelt durch das Unrecht.

Was geschieht denn, wenn ein Unrecht begangen worden ist? Da wird durch uns selber in der geistigen Welt etwas geschaffen. Es ist nur materialistisches Vorurteil, daß ein Unrecht vorübergehen kann, ohne daß dabei in der geistigen Welt etwas geschaffen wird. Das Unrecht erzeugt ganz bestimmte Vorgänge in der geistigen Welt, Wirkungen, die von uns ausstrahlen, unsichtbar für die äußere Sinnenbeobachtung, aber vorhanden für geistiges Schauen. Und solche geistigen Vorgänge, die von jemandem ausstrahlen, der ein Unrecht getan hat, bedeuten Nahrung für gewisse Wesenheiten, die in der geistigen Welt tatsächlich vorhanden sind. Solche Wesenheiten können an den Menschen nicht immer heran.

Wenn er keine solche Ausstrahlungen hat, wie sie von einem unrechten Tun kommen, dann können sie nicht an ihn heran. Es geht mit ihnen gerade so wie mit einer Stube: Wenn die Stube ganz rein ist, können keine Fliegen darinnen sein. Es sind auch keine drinnen. Aber wenn die Stube alles mögliche Schmutzige hat, Speisereste und so weiter, da sind die Fliegen gleich da. In dem Augenblick, wo der Mensch ausstrahlt durch seine schlechten Taten gewisse geistige Ausstrahlungen, da sind um ihn herum Wesenheiten, die sich davon nähren. Diese Wesenheiten läßt der große griechische Tragiker Äschylos um Orest herum sein. Was wir heute als innere Stimme vernehmen, das ist dem griechischen Tragiker Äschylos noch so bewußt, daß er es in äußeren Gestalten auftreten läßt, weil er weiß, daß in besonderen Fällen immer noch das eintrat, was in älteren Zeiten ein Gemeingut aller Seelen war: ein gewisses hellsichtiges Bewußtsein. Von allem früheren bleibt etwas für spätere Zeiten zurück und tritt dann als Atavismus auf, aber nur in abnormen Fällen. Daher ist es nicht etwas, was zu tadeln wäre, wenn bei Shakespeare zum Beispiel noch etwas ähnliches auftritt, gleichsam ein objektiviertes Gewissen.

Dann aber brauchen wir nur wenige Zeit weiterzugehen in der griechischen Kunst, von Äschylos zu Euripides, und Euripides, der spätere Tragiker, zeigt uns, daß er den Begriff des Gewissens bereits hat. So sehen wir im alten Griechenland, wie in dem halben Jahrtausend vor der christlichen Zeitrechnung der Begriff des Gewissens nach und nach erst auftritt. Suchen Sie sich im Alten Testament ein Wort für das, was wir heute Gewissen nennen: Sie werden es nicht finden. Gewissen ist etwas, was als Fähigkeit erst in die Menschenseele eingezogen ist. Und wenn wir nicht kurze Spannen Zeiten betrachten, sondern große Zeiträume, dann können wir sehen, daß das Gewissen etwas ist, was in die Menschenseele seinen Einzug gehalten hat auch ungefähr in derselben Zeit, als der Christus-Impuls in der Seele Platz gegriffen hat. Man möchte sagen, fast wie ein Schatten folgt das Gewissen dem Christus-Impuls, wie er eintritt in die weltgeschichtliche Entwicklung. Um das nun zu verstehen, müssen wir heute nun mancherlei in uns lebendig machen, was wir im Laufe der Jahre uns angeeignet haben und was wir fruchtbar machen müssen zum Begreifen dessen, was das menschliche Gewissen eigentlich ist.

Wenn wir begreifen wollen in einem tieferen Grunde, was das Gewissen ist, so müssen wir gerade jenen Zeitpunkt ins Auge fassen, in welchem die menschliche Entwicklung sich dem Christus-Impuls nähert, diesen Christus-Impuls aufgenommen hat und dann in unsere Zeit hinein weitergeschritten ist. Wir wissen, daß wir es dabei zu tun haben mit drei Kulturepochen unserer Menschheitsentwicklung, die wir bezeichnen als die ägyptisch-chaldäische Kultur, die griechisch-lateinische Kultur und als unsere gegenwärtige Kultur. Die zwei vorhergehenden Kulturen, die uralt-indische und die urpersische, können wir jetzt unberücksichtigt lassen, denn da waren unsere Seelen noch weit entfernt, dasjenige auch nur zu ahnen, was wir heute mit dem Begriff des Gewissens bezeichnen. In der ägyptisch-chaldäischen Kultur sehen wir allmählich, wie sich vorbereitet alles, was dann zu der höchsten Höhe emporgestiegen ist, die es erreichen konnte, um in der griechisch-lateinischen Kultur den bedeutsamen Impuls zu erlangen, der als der Christus-Impuls aufgenommen worden ist. Und wir sehen dann in unserer eigenen Zeit die Epoche, wo dieser Impuls verarbeitet wird. Und immer größer und bedeutungsvoller wird dieses Verarbeiten in dem kommenden Zeitalter werden.

Wenn wir uns nun noch etwas genauer erinnern an diese Entwicklung, die sich vollzieht von der ägyptisch-chaldäischen Zeit durch die griechisch-lateinische Epoche bis in unsere Zeit hinein, so tritt uns da vor die Seele, daß in jeder dieser Epochen insbesondere ein Glied der menschlichen Seele entwickelt wird. Von den drei Gliedern der menschlichen Seele ist während der ägyptisch-chaldäischen Zeit entwickelt worden dasjenige, was wir die Empfindungsseele nennen, das heißt, wir mußten in ägyptisch-chaldäischen Leibern einstmals verkörpert sein, damit wir in die Lage kamen, in regelrechter Weise jene Fähigkeiten in uns aufzunehmen, die zu der besonderen Ausbildung der Empfindungsseele taugen. Dann haben wir als Seelen jene Eigenschaft mitgenommen in die nächsten Verkörperungen während der griechisch-lateinischen Epoche, um jetzt auszubilden die Verstandes- oder Gemütsseele. Und mit den Früchten, die wir aus der griechisch-lateinischen Epoche gewonnen haben, leben wir in unseren jetzigen Verkörperungen, um nun allmählich das zu immer höherer Entwicklung kommen zu lassen, was wir die Kräfte der Bewußtseinsseele nennen. So wird unsere Seele als Mensch gerade während diesen drei Zeitaltern ausgebildet. Und wenn unsere Zeit vorüber sein wird, dann wird unsere Seele aufsteigen zu der Entwicklung der Fähigkeit des Geistselbst. Das wird in der sechsten Kulturepoche sein. Da sehen wir, welchen tiefen Sinn es hat, daß wir aufeinanderfolgende Verkörperungen durchmachen. Es hat den Sinn, daß wir uns dadurch nach und nach aneignen diejenigen Fähigkeiten, welche wir als die der menschlichen Seele kennen, und im weiteren Umfange auch diejenigen, welche dann über das bloße Seelenleben hinausgehen.

Also während der ägyptisch-chaldäischen Kultur haben unsere Seelen sich angeeignet die Kräfte der Empfindungsseele und haben diese Kräfte zur Entfaltung gebracht, während der griechisch-lateinischen Zeit die Kräfte der Verstandesseele oder Gemütsseele. Bis zur Verstandesseele mußte der Mensch normalerweise heraufdringen, dann konnte der Christus-Impuls auf ihn ausgeübt werden.

Nun aber war in einer ganz verschiedenen Weise diese Ausbildung an den verschiedenen Punkten der Erde geschehen. Wenn wir nämlich mit einer gewissen Bequemlichkeit der Seele glauben wollten, daß sich in der Entwicklung der Menschheit alles möglichst einfach vollzieht, so werden wir niemals zum Begreifen der Menschheitsentwicklung kommen können. Vieles muß man kennenlernen, um die großen Gedanken der leitenden Weltwesen einigermaßen nachdenken zu können! Und es ist der größte Hochmut, wenn der Mensch den Satz ausspricht, daß die Wahrheit einfach sei; denn da will er die Wahrheit nach seiner Bequemlichkeit drechseln. Es ist nur eine Frucht der Bequemlichkeit, wenn gesagt wird, die Wahrheit müsse einfach sein. Aber die Wahrheit ist eine komplizierte, weil der Geist der leitenden Weltwesen von uns nur begriffen werden kann, wenn wir die höchsten Anstrengungen machen, um uns in die Gedanken der leitenden Weltengeister – auch bis in die subtilsten Gedanken hinein – zu vertiefen. So dürfen wir auch nicht glauben, daß wir schon alles erschöpft hätten, wenn wir sagen: Unsere Seelen haben sich durch die ägyptisch-chaldäische Kultur, durch die griechisch-lateinische Kultur und durch unsere jetzige Kulturepoche hinaufentwickelt. Versetzen wir uns für einen Augenblick in die Zeit, da es noch kein griechisch-lateinisches Wesen gab, sondern nur erst die ägyptisch-chaldäische Kultur.

In dieser Zeit lebten in den Gegenden Griechenlands und in den Ländern des römischen Reiches auch Menschen; sie lebten sozusagen vor der griechisch-lateinischen Zeit in den Ländern der späteren griechisch-lateinischen Kultur. Und auch in unseren Gegenden, auf dem Boden, den wir heute betreten, lebten Menschen in der Zeit, als die ägyptisch-chaldäische Kultur sich in Asien und Afrika abspielte. Während in Asien und Afrika zur Zeit der ägyptisch-chaldäischen Kultur gewisse Seelen im eminentesten Sinne das durchmachten, was sie vorbereiten sollte zum Empfang des Christus-Impulses, lebten in den Gegenden der späteren griechisch-lateinischen Kultur andere Seelen, die sich vorbereiteten, etwas ganz anderes hinzuzubringen zur Gesamtentwicklung der Menschheit. Ebenso lebten in unseren Gegenden Menschen, die sich zu etwas anderem vorbereiteten. Nicht nur, daß in den aufeinanderfolgenden Zeiten unsere Seelen verschiedene Fähigkeiten aufnehmen, sondern in denselben Zeiten leben die Seelen auch nebeneinander. Dadurch wird in der verschiedensten Weise auf die Seelen gewirkt, und dadurch entsteht eine weitere Komplikation in der Entwicklung. Es wird damit der Menschheitsentwicklung mehr gebracht, als wenn alles in gerader Linie fortliefe. In der Tat mußten Vorbereitungen gemacht werden sowohl auf griechisch-lateinischem Boden als auch in unseren Gegenden, damit von den verschiedensten Seiten her in die Kulturentwicklung das Rechte mit hineingebracht wurde. Eine ganz andere Aufgabe hatten die asiatischen und afrikanischen Völker, eine ganz andere die südeuropäischen Völker, und wiederum eine ganz andere Aufgabe hatten die Völker des mittleren und des nördlichen Europa. Sie hatten alle ganz verschiedenes hinzuzubringen zu der Gesamt-Menschheitsentwicklung, und sie konnten verschiedenes hinzubringen, weil ihre Anlagen und ihre ganze Ausbildung eine wesentlich andere war als die der andern.

Wenn wir nämlich unseren Blick richten auf die ägyptisch-chaldäischen Völker, auf die Seelen, welche gerade in der ägyptisch-chaldäischen Kultur ihren Höhepunkt erreichten, so müssen wir sagen: diese Völker entwickelten damals gewisse Fähigkeiten der Empfindungsseele, welche man eben ganz besonders entwickeln kann, wenn man jene wunderbaren Lehren aufnimmt, die damals aus den ägyptischen Heiligtümern flossen, oder die wunderbare Astrologie, die aus den chaldäischen Heiligtümern kommen konnte. Was aus den verschiedenen Kulturstätten fließt, ist dazu da, die Seelen vorwärtszubringen. Denn im Grunde ist die wahre Bedeutung dessen, was aus den verschiedenen Kulturstätten fließt, nicht dasjenige, was diese Kulturströmungen als Inhalt haben, sondern was sie zur Entwicklung der menschlichen Seele beitragen. Der Inhalt vergeht! Und nur die, welche im tieferen Sinne gar nicht bei Trost sind, können glauben, daß in einigen Jahrhunderten unsere heutige Wissenschaft nicht ebenso hinuntergesunken sein wird in den Schoß der Vergessenheit, wie gewisse Dinge der ägyptisch-chaldäischen Kultur in die Vergessenheit heruntergesunken sind. Wer glauben würde, daß in der kopernikanischen Weltanschauung ewige Errungenschaften gegeben sind, der irrt sich ganz gewaltig; sie wird später ebenso etwas Überwundenes sein wie die Errungenschaften der ägyptischen Kultur heute. Ihrem Inhalte nach gehen diese Dinge vorbei wie auch manches andere in der Menschheitsentwicklung. Wir treten zum Beispiel hin vor jenes wunderbare Bild, welches Ihnen allen wenigstens in Abbildungen bekannt sein wird, das «Abendmahl» von Leonardo da Vinci. Wenn wir es heute in Mailand sehen wollen, sehen wir es nur noch in ganz schwachen Umrissen, und wir wissen, es wird nicht lange dauern, dann wird nichts mehr zu sehen sein von dem, wohinein Leonardo da Vinci seine beste Kraft gelegt hat. Ebensowenig wird später einmal noch etwas zu sehen sein von den herrlichen Werken Raffaels, welche heute die Seele so tief ergreifen, wenn Sie sie auf sich wirken lassen. Alle diese Werke werden in Staub zerfallen, und eine Erinnerung daran wird auf dem physischen Plan nicht mehr da sein. Der Inhalt dieser Werke wie der Inhalt der Kulturen geht in den Tod hinunter. Aber wenn wir zum Beispiel vor diesen Bildern stehen, dann sollen wir daran denken, daß sie Raffaels Seele entflossen sind und daß Raffaels Seele eine andere geworden ist, nachdem sie diese Bilder aus sich hervorgezaubert hatte, als sie vorher war. Und die Millionen und Millionen von Menschen, die sich daran erheben, nehmen den Inhalt der Bilder in ihre Seelen auf und werden dadurch etwas anderes. Und wenn die ganze Erde einmal in Staub zermalmt sein wird – was sie ganz gewiß sein wird –, dann wird von den äußeren Einrichtungen der Kulturen nichts mehr vorhanden sein, aber was die Seelen aufgenommen haben, das wird in die Ewigkeit mit hinübergehen. Für die Menschenseelen ist das da, was die Kulturen bieten, was aus Ägyptens und Chaldäas Heiligtümern geflossen ist an für die damalige Zeit hehrem Weisheitsinhalt. Vorwärts kommen sollten die Menschenseelen um ein entsprechendes Stück. Und um was sie vorwärts gekommen sind, um das waren sie reifer, wieder neue Güter entgegenzunehmen; jene Güter, die dann in der griechisch-lateinischen Kultur wieder die Seelen um ein Stück vorwärts brachten. Hätten unsere Seelen nicht das aufgenommen, was sie in der griechisch-lateinischen Zeit aufnehmen konnten, so könnten sie sich jetzt nicht in die Bewußtseinsseele hineinleben. Das ist der Fortgang in der Zeit.

Wenn wir uns an manches erinnern, was auch in den öffentlichen Vorträgen gesagt worden ist, so wissen wir, daß in den drei Seelengliedern dasjenige wirkt, was wir das Ich nennen. Aus dem Chaos der seelischen Erlebnisse, die uns in der Empfindungsseele, Verstandesseele und Bewußtseinsseele entgegentreten, entwickelt das Ich sich nach und nach heraus, kristallisiert sich aus all dem heraus, aber nicht in gleicher Weise an den verschiedenen Punkten der Erde. Während zum Beispiel in Asien und Afrika, als die ägyptisch-chaldäische Kultur vor sich ging, die Menschen sich so entwickelten, daß sie dort noch lange auf ihre Seele haben wirken lassen die Offenbarungen der chaldäischen und ägyptischen Heiligtümer, hatten die Völker Europas, die davon entfernt waren, sich so entwickelt, daß sie gewissermaßen schon etwas vorausgenommen hatten. In den europäischen Gegenden hatten die Menschen in der Empfindungsseele schon in gewisser Weise das Ich entwickelt, ein starkes Gefühl, eine starke Empfindung für das Ich.

Hier sind wir an einem ganz unendlich wichtigen Punkt. Nach Asien und Afrika hinüber sind die Menschen gezogen, die mit ihrem Ich warteten zu der Zeit, wo in der Empfindungsseele schon vorher das entwickelt war, was durch die ägyptischen und chaldäischen Heiligtümer entwickelt werden konnte. Da waren in der Gegend der ägyptisch-chaldäischen Kultur Seelen inkarniert, welche mehr oder weniger ohne ein deutliches Gefühl von der Ichheit zu haben, hohe Lehren, eine hohe Kultur aufnahmen. In eine sich ihres Ich noch nicht bewußte Empfindungsseele wird im alten Chaldäa die hohe Kultur, die dazumal bestanden hat, hineinversenkt. Hier im Norden wird nicht eine so hohe Kultur in die Seele versenkt. Da bleibt die Seele mehr oder weniger unkultiviert, aber sie entwickelt dafür in dieser Unkultur, in dieser nicht von irgendwelchen Offenbarungen der Heiligtümer durchglühten Empfindungsseele ein Ich-Bewußtsein. Wir können sagen: Bei den ägyptisch-chaldäischen Völkern verspätet sich das Ich-Bewußtsein, es läßt zuerst die Empfindungsseele eine gewisse Kultur aufnehmen, bis die späteren Seelenglieder entwickelt sein werden. In Europa wartet das Ich nicht, sondern es entwickelt sich schon in der Empfindungsseele. Es wartet aber dafür mit der Aufnahme gewisser Kulturgüter, bis die späteren Seelenglieder entwickelt sein werden. So haben wir in Asien und Afrika solche Seelen verkörpert, die sich ihres Ich noch fast gar nicht bewußt sind, dagegen etwas wie Eingebungen hoher Offenbarungen haben in der Empfindungsseele. In Europa haben wir Seelen, die keine besonders hohe Kultur haben, die aber ihr individuelles Ich betonen, die in sich als Menschen hineinschauen und sich als Menschen fühlen. Zwischen beiden Extremen stehen die griechisch-lateinischen Völker drinnen, welche besonders die Aufgabe hatten, die Fähigkeiten der Verstandesseele zu entwikkeln. Bei ihnen war es so, daß sie das Ich in der Verstandesseele entwickelten und auch gleichzeitig gewisse Kulturen in der Verstandesseele aufnehmen konnten. So daß also die ägyptisch-chaldäische Kultur mit dem Ich wartete bis in eine spätere Zeit, während die europäische Kultur dieses Ich frühzeitig entwickelte. In der griechisch-lateinischen Kultur hielt sich das in gewissem Sinne die Waage, da wurde gleichzeitig mit dem Ich eine gewisse Kultur entwickelt.

Damit deuten wir auf ein großes Geheimnis unserer menschlichen Entwicklung, ohne dessen Kenntnis wir niemals verstehen, warum gerade der Christus-Impuls jenen ungehinderten Einfluß und Eingang in Europa gefunden hat.

Warum das? Hätte der Christus in Europa erscheinen können, sich in Europa verkörpern können im Fleische? Nein, das hätte er nicht können. Er erschien in der griechisch-lateinischen Zeit, in welcher die Verstandesseele ausgebildet worden ist. Die war dazu geeignet, gerade den Christus sozusagen entgegenzunehmen. Aber nie hätte der Christus in Europa erscheinen dürfen, weil dort das starke Ich-Gefühl geblieben war. Dieses starke individuelle Ich-Gefühl war nicht geeignet, einen einzigen Menschen zu erzeugen, der vor allen übrigen den Vorzug hatte, daß er allein das Höchste aufnehmen konnte. Ein verfrühtes Ich-Gefühl, ein zu großes Gefühl für die Gleichheit der Menschen hatte sich in den europäischen Ländern entwickelt. Da wäre es unmöglich gewesen, daß eine Persönlichkeit über die anderen so hinausgeragt hätte, wie jene Persönlichkeit über ihre Zeitgenossen hinausragte, die in Palästina das Gefäß bilden sollte für den Christus. So intensiv wie in Europa durfte auf einer frühen Stufe das Ich-Gefühl nicht erscheinen, wenn der Christus einen Körper finden sollte, um sich zu verkörpern. Er mußte also gerade dort erscheinen, wo an der Grenze der ägyptisch-chaldäischen und der griechisch-lateinischen Kultur es möglich war, einen solchen Körper auszubilden, der noch nicht in sich das verfrühte Ich-Gefühl trug, der aber dennoch das tiefste Verständnis hatte für ein Begreifen der geistigen Welt, das aufgenommen war in der ägyptischen und chaldäischen Kultur. Wenn aber Europa nicht die Fähigkeit hatte, den Leib zu liefern für den Christus, so hatte es doch dadurch, daß es zu früh in der Morgenröte des neueren Daseins das Ich ausgebildet hatte, vor allen anderen Errungenschaften das volle Verständnis dafür, nachdem der Christus einmal da war, um den Menschen das volle Bewußtsein vom Ich zu bringen, dieses Ich-Bewußtsein zu begreifen, aus dem Grunde, weil die europäischen Völker das Ich-Gefühl zu früh aufgenommen hatten und mit ihm gleichsam zusammengewachsen waren.

Das müssen wir berücksichtigen, wenn wir den ganzen Aufgang der neueren Kultur verstehen wollen. In Asien und Afrika finden wir Menschen, die viel wissen über die Geheimnisse der

Welt, die viel können in der Herstellung gewisser Symbole. Kurz, sie haben ihre Empfindungsseele so kultiviert, daß sie ein reiches Seelenleben haben, aber ihr Ich-Gefühl ist schwach. In Europa finden wir Menschen, die weniger Kultur haben durch das, was man durch Offenbarungen von außen sich aneignen kann, dafür finden wir aber dort den Typus des Menschen, der sich in sich sucht, der in sich die feste Stütze findet. So war in Asien vorbereitet der Boden für die Erscheinung des Christus, dort konnte es einen Leib geben, in den der Christus einziehen konnte; und in Europa finden wir die Menschen am besten vorbereitet zu einem Verständnis für den Bringer des Ich-Bewußtseins. Den europäischen Völkern brachte er das, wonach man gelechzt hatte. Daher entwickelt sich gerade in Europa jene wunderbare Mystik, die den Christus in die eigene Seele, in das Ich aufnehmen wollte: die christliche Mystik.

So wird an den verschiedenen Punkten der Erde die Menschheit vorbereitet durch die weise Lenkung der Welt, daß ein jedes Entwicklungsmoment zu seinem Recht kommt. Das ist eine der großen Errungenschaften der geisteswissenschaftlichen Weltanschauung, daß man immer mehr das Gefühl erhält, wie weise alles in der Menschheitsentwicklung und in der ganzen Welt eigentlich vor sich gegangen ist, wie durch Jahrtausende auf europäischem Boden die Seelen vorbereitet sind, daß sie so früh wie möglich einen festen Punkt im eigenen Innern hatten und daß sie, um diesen festen Punkt zu entwickeln, sogar zurückgehalten wurden in den Kräften, die in Asien so hoch ausgebildet waren. Daher nimmt der Kulturstrom von Asien herüber seinen Weg, das starke Gefühl der Ich-Persönlichkeit geht in Europa auf. Ja, wir können geradezu wieder mit Fingern hinweisen darauf, wie das Adriatische Meer fast eine festbestimmte Grenze bildet zwischen einem sogar noch etwas schwächeren Ich-Gefühl in Griechenland einerseits, wo sich der Mensch noch nicht so fühlte als einzelne individuelle Persönlichkeit, sondern mehr als Athener, als Spartaner,

Thebaner, angehörig seiner Polis, und zwischen den römischen Kulturgegenden andererseits, wo das starke Ich-Gefühl ganz wesentlich ausgebildet ist im Bewußtsein des römischen Bürgers, der als Persönlichkeit fest steht auf seinem Boden. Da sehen wir in Griechenland noch das im Menschen, was man bezeichnen könnte: Das Ich ist doch noch etwas zurücktretend, es wird doch noch mehr von der Außenwelt entgegengenommen, mehr auf eine Art, wo das Ich nicht dabei zu sein braucht.

Und überschreiten wir das Adriatische Meer, so kommen wir nach Rom und sehen fest auf seinen Beinen stehen, mit dem schon gefühlten Ich, den römischen Bürger. Das alles hängt mit tieferen, mit bedeutsamen Untergründen zusammen. Diese Dinge gehen in der Welt nicht vor sich, ohne daß für die Dinge, welche sich auf dem physischen Plan abspielen, die entsprechenden Ereignisse in der geistigen Welt sich vollziehen. Wir sehen, daß in der griechischen Kultur noch ein starker Einschlag von zurückgehaltenem Ich sich findet. Viel wird dort noch unpersönlich aufgenommen. Der Grieche fühlt sich nicht als einzelner Bürger, sondern als Glied des athenischen, spartanischen oder thebanischen Organismus. Das muß abgestreift werden. Es muß die Sehnsucht des Menschen, von außen entgegenzunehmen, verschwinden, und der Mensch muß seinen Einzug halten in das Innere der Seele, wenn er immer mehr ein abendländischer Mensch wird.

Was die großen Massen bilden soll, das muß vorgelebt werden von den großen Führern, den großen Individualitäten der Menschheit. Da sehen wir, wenn wir etwas vor unsere Seele treten lassen, worauf wir wiederholt hingewiesen haben, daß der Grieche noch ein starkes Bewußtsein hatte, daß dasjenige, was ihm von außen gegeben wird, ohne das Innere seiner Persönlichkeit stark zu entwickeln, ein besonders Wertvolles ist. Noch einmal erinnere ich an den Ausspruch eines hochgebildeten Griechen, der uns tief hineinblicken läßt in das Sehnen des griechischen Volkes: Lieber ein Bettler sein in der Oberwelt als ein König im

Reiche der Schatten! – Noch nicht ist begriffen der große Wert des Unsichtbaren, des übersinnlichen Lebens. Es wird aus der Umgebung herausgeholt, was ohne das Ich herausgeholt werden kann. Und es ist nun tief ergreifend, gerade an diesem Punkt zu sehen, wie an der Wende der Zeiten eine große führende Persönlichkeit wie ein Markstein dasteht, um abzulegen die Gesinnungen des Früheren und aufzunehmen die Gesinnungen des Neueren, um gleichsam weithin schallend für die Geistwelt zu sagen: Jetzt soll eine Zeit kommen, wo nicht mehr bloß aufgenommen werden soll, was ohne das Ich einfließt in die menschliche Persönlichkeit, sondern wo das aufgenommen werden soll, was durch das Ich in die menschliche Persönlichkeit kommt!

Diese Tat hat sich vollzogen in einem der großen Weisen jenes griechischen Altertums, das sich zum Teil abgespielt hat auf der Insel Sizilien, in Empedokles. In mancher Legende, die heute nur so hinerzählt wird, ruht etwas außerordentlich Tiefes. Von Empedokles, dem großen Weisen, der nicht nur ein großer Philosoph war, sondern ein Eingeweihter in die tiefen Geheimnisse der Zeit, der einer der größten Staatsmänner aller Zeiten gewesen ist und zugleich Opferpriester in Agrigent war, von ihm erzählt die Legende, berichtet aber auch die okkulte Wahrheit, daß er, nachdem er seine Aufgabe in Sizilien erfüllt hatte, seinen Leib in den Ätna versenkte, um zu vereinigen seine äußeren Hüllen mit dem Boden Siziliens, um damit gleichsam zu dokumentieren: Jetzt soll kommen der feste Glaube an das Ich, wenn das Äußere auch hinschwindet! – Das Opfer der äußeren Hülle des Empedokles wurde vollbracht damals, als er seine Hüllen hingab dem Ätna. Dahinter liegt eine tiefe okkulte Wahrheit. Für den, der nach Sizilien kommt, wird heute noch unter spirituellen Ereignissen dieses stehen: daß er in der Luft Siziliens, wenn er sie geistig atmet, heute noch die Nachwirkung der Tat des Empedokles findet. Empedokles' Seele hat sich weiter inkarniert; sein Leib hat eine besondere Bedeutung dadurch erhalten, daß er den Elementen bewußt übergeben worden ist, so daß man ihn heute findet in der geistigen Atmosphäre Siziliens. Empedokles' Leib bildet einen Bestandteil der geistigen Atmosphäre Siziliens.

Es war mir ein wichtiger Augenblick – und wir dürfen ja in unserem Zweige auch über solche Dinge miteinander reden –, als ich vor einigen Wochen unseren Palermoer Freunden über ihren Empedokles in der unmittelbaren Nähe jenes Ereignisses dasselbe sagen konnte, was ich Ihnen jetzt sagte: Wer mit Bewußtsein geistig betritt eure Stätte hier in Sizilien, der atmet heute noch geistig dasjenige, was in die Luft Siziliens gekommen ist durch den Opfertod des Empedokles!

So sehen wir, wie das, was wir äußerlich, räumlich mit dem Adriatischen Meer andeuten konnten – die Grenze zwischen Ost und West –, angedeutet wird durch einen großen Führer der Menschheit, der, indem er weiter wirken sollte im Westen, dasjenige bewußt abstreift, wodurch man wachsen konnte drüben im Osten, und retten will für die weitere Entwicklung das Bestehen dessen, was erhaben ist über alle Elemente des äußeren physischen Planes.

Es ist etwas Gewaltiges, in diese Unterschiede hineinzuschauen, denn sie zeigen, wie auf getrennten Gebieten auch Getrenntes vorbereitet worden ist, damit in der Mannigfaltigkeit auch das Größte erreicht werden konnte. Durch die Zusammenwirkung des Mannigfaltigsten muß das Ziel der Gesamtentwicklung für die Menschheit erreicht werden. Daraus können wir sehen, daß der Christus, nachdem er im Osten erschienen war, hinüberzog nach dem Westen und dort aufgenommen wurde von denen, die vorbereitet waren mit einem starken Ich-Bewußtsein, um verstehen zu können den Bringer des starken Ich-Bewußtseins. Das war das Geheimnis vom Eintritt des Christus in den Okzident, daß er vorbereitete Seelen fand und daß ihn diese Seelen aufnahmen. So sehen wir im Osten die Menschheit vorbereiten alles, was möglich macht, daß ein Körper oder eine Leiblichkeit entstehen kann, bestehend aus physischem Leib, Ätherleib und astralischem Leib, in welche der Christus einziehen kann, der durch das Ich-Bewußtsein und mit dem Ich-Bewußtsein den Impuls der Liebe auf die Erde bringt. Die Liebe ist das, was in ihrer seelischsten, geistigsten Form mit dem Christus der Erde gebracht wird. Die Liebe, wie wenn sie entstehen würde sozusagen in ihrer seelisch-geistigen Form im Osten, so betrachten wir sie zuerst; und wie wenn sie sich verbreiten würde nach dem Westen und hier verstanden würde, so betrachten wir die Entwicklung weiter.

Wodurch konnte gerade im Westen das Ich-Bewußtsein so wirken, daß es sich verwandt fühlte mit dem Christus? Was war mit den Seelen geschehen, die frühzeitig das Ich-Bewußtsein aufgenommen hatten?

Die ägyptisch-chaldäischen Völker warteten mit der Entwicklung des Ich bis zur Bewußtseinsseele, die griechisch-lateinischen Völker entwickelten das Ich schon in der Verstandes- oder Gemütsseele, die Kultur des europäischen Nordens hat das Ich-Gefühl schon vorzeitig in der Empfindungsseele entwickelt. Da war es früh in der menschlichen Seele darinnen. Es hatte also zusammengewirkt die Empfindungsseele mit dem Ich-Bewußtsein hier in einer ganz anderen Weise als irgendwo in der Welt. In Nordeuropa haben sich zuerst in der Menschheitsentwicklung die Empfindungsseele und das Ich-Bewußtsein durchdrungen. Was war dadurch geschehen, daß sich bei den europäischen Völkern in der Empfindungsseele schon das Ich-Bewußtsein festgesetzt hatte, bevor Christus in die Menschheitsentwicklung eingetreten war, und bevor sie aufgenommen hatten, was sich in Asien entwickelt hatte?

Dadurch war mit der Empfindungsseele eine Kraft der menschlichen Seele entwickelt worden, die sich nur dadurch hatte entwickeln können, daß die Empfindungsseele, die noch ganz jungfräulich war und unbeeinflußt von anderen Kulturen, sich durchdrungen hatte mit dem Ich-Gefühl. Und diese Seelenkraft ist das Gewissen geworden: die Durchdringung von Ich-Gefühl mit Empfindungsseele. Daher das merkwürdig Unschuldige des Gewissens! Wie redet das Gewissen? Es spricht in dem einfachsten, naivsten Menschen wie in der kompliziertesten Seele. Es sagt unmittelbar: Das ist recht! Das ist unrecht! – Ohne eine Theorie, ohne irgendeine Lehre. Mit der Gewalt eines Triebes, eines Instinktes wirkt das, was uns sagt: Das ist recht! Das ist unrecht! – Nirgends sonst finden Sie das, was sich so im Westen entwickelte, in der Art, wie wir es heute auseinandergesetzt haben. Deshalb wirft es seine ersten Strahlen wie eine Morgenröte voraus nach Griechenland und von dort nach Rom, und dort tritt es uns sogar schon sehr stark entgegen. Da finden wir bei den römischen Schriftstellern zuerst das Wort Gewissen: conscientia. Während wir es bei den Griechen nur sporadisch finden, in ersten Andeutungen bei Euripides, finden wir es bei den Römern schon sehr stark hervorgehoben, schon als allgemein gebräuchliches Wort. Das ist der Einfluß jener Kulturströmung, die dadurch entstanden ist, daß Empfindungsseele und Ich-Gefühl sich durchdrungen haben, daß das Ich-Gefühl, das den Menschen hinaufträgt vom Niederen zum Höheren, schon in der Empfindungsseele wie eine Gottesstimme spricht, wie sonst nur Triebe, Begierden und Leidenschaften in der Empfindungsseele sprechen, und dort so spricht mit dem Drang, das Richtige zu tun, um hinaufzudringen zu dem höheren Ich.

So sehen wir in der Menschheitsentwicklung bei den europäischen Völkern zuerst das Gewissen entstehen. Von dort strahlt es aus und teilt sich dann den anderen Menschen der Erde mit. So ist durch eine weise Weltenlenkung vorbereitet worden, daß die Menschheit auf einem Punkte so präpariert wurde, daß das Gewissen als ein Beitrag zur Gesamtentwicklung der Menschheit gebracht werden konnte. Damit haben wir im Grunde schon alles gegeben, was uns auch das Gewissen erklärt. Wir haben jenes Undefinierbare des Gewissens gegeben, das Herausdringen des

Gewissens aus den Tiefen der Seele. Das Gewissen redet so, wie ein Trieb redet, und es ist doch kein Trieb. Diejenigen Philosophen, die es als Trieb schildern, hauen weit daneben. Es spricht mit derselben Großartigkeit, mit der die Bewußtseinsseele selber spricht, wenn sie auftritt; aber es spricht zugleich mit den elementaren, mit den ursprünglicheren Kräften.

So sehen wir, wie auf der Erde drüben im Osten die Liebe auftaucht, hier im Westen das Gewissen. Das sind zwei Dinge, die zusammengehören: wie im Osten der Christus erscheint, wie im Westen das Gewissen erwacht, um den Christus als Gewissen entgegenzunehmen. In diesem gleichzeitigen Entstehen der Tatsache des Christus-Ereignisses und des Verständnisses des Christus-Ereignisses, und in der Vorbereitung dieser zwei Dinge an verschiedenen Punkten der Erde sehen wir walten eine unendliche Weisheit, die in der Entwicklung vorhanden ist. Damit haben wir auf die Vergangenheit des Gewissens hingedeutet.

Wenn wir uns jetzt erinnern an das, was wir oft betont haben, daß wir jetzt, nachdem das Kali Yuga abgelaufen ist, in einem Übergange sind, wo sich neue Kräfte zu entwickeln haben, dann werden wir es begreiflich finden, daß wir heute auch entgegengehen wichtigen Fragen in bezug auf die Entwicklung unseres Gewissens. Wir haben das letzte Mal betont, stark und scharf betont, daß wir entgegengehen einem neuen Christus-Ereignis, indem die Seele fähig werden wird, den Christus in einem gewissen ätherischen Hellsehen wahrzunehmen und das Ereignis von Damaskus in sich wiederzuerleben. Daher dürfen wir die Frage aufwerfen: Wie wird es sein mit dem Parallelereignis, mit der Entwicklung des Gewissens in den Zeiträumen, in die wir uns hineinleben? – Diese Frage werden wir uns am nächsten Sonntag, am 8. Mai, vorlegen und dadurch auch am besten unseren Gedenktag begehen, indem wir auf das Lebendige der geisteswissenschaftlichen Bewegung hinweisen und darstellen, wie sich die menschlichen Seelenkräfte in einem Übergang befinden.

Wir werden sehen, daß das Gewissen von den verschiedensten Seiten her beleuchtet werden kann. Ganz exoterisch soll das im öffentlichen Vortrag am nächsten Donnerstag geschehen, aber auch selbst da kann schon manches vorausgesetzt werden, weil diese öffentlichen Vorträge schon durch eine Reihe von Jahren gehen. Man kann so tief sprechen über das Gewissen, wie wir heute gesprochen haben, man kann so exoterisch sprechen wie am nächsten Donnerstag, und man kann noch tiefer über das Gewissen sprechen. Das wird noch einige Zeit dauern, bis wir dazu in der Lage sein werden.

SIEBENTER VORTRAG

BERLIN, 8. MAI 1910

Am achten Mai, dem heutigen Tage, begehen wir als Theosophische Gesellschaft den Weißen Lotus-Tag, den man in der äußeren Welt, so wie sie ihre Bezeichnungen heute hat, als den Todestag bezeichnet der Anregerin jener geistigen Strömung, innerhalb welcher wir stehen. Uns liegt es näher, eine andere Bezeichnung für diese unsere Festlichkeit des heutigen Tages zu wählen, jene Bezeichnung, die aus unseren Erkenntnissen der geistigen Welt hergenommen ist und die etwa heißen müßte, der Übergang von einer Wirksamkeit innerhalb des physischen Planes zu einer anderen Wirksamkeit innerhalb der geistigen Welten. Denn uns ist es ja wohl eine nicht nur innigste Überzeugung im gewöhnlichen Sinne des Wortes, sondern eine immer mehr aufgehende Erkenntnis, daß wir es zu tun haben bei dem, was in der Außenwelt der Tod genannt wird, mit dem Übergang von einer Arbeit, einer Wirksamkeit, welche angeregt ist durch die Eindrücke der äußeren physischen Welt, zu einer solchen Wirksamkeit, welche angeregt ist unmittelbar aus der geistigen Welt. Und indem wir uns heute erinnern an die große Anregerin H.P. Blavatsky und an diejenigen, welche als führende Persönlichkeiten heute auch schon hinübergegangen sind in dieses geistige Reich, wollen wir insbesondere versuchen, uns eine Vorstellung davon zu bilden, wie wir selbst unsere geistige Bewegung halten, damit sie vorstellen kann eine Fortsetzung jener Wirksamkeit, welche die Gründerin vollbracht hat auf dem physischen Plan bis zu ihrem Abgang von demselben, eine Fortsetzung dieser Wirksamkeit auf der einen Seite, aber auch eine Möglichkeit dafür, daß diese Begründerin aus den geistigen Welten heraus fortwirken kann in unserer Gegenwart und in die Zukunft hinein.

An einem solchen Tage ziemt es sich wohl, daß wir gewissermaßen unterbrechen die Art und Weise, wie wir uns sonst in diesen Versammlungen den geisteswissenschaftlichen Betrachtungen und dem spirituellen Leben hingeben, und daß wir gleichsam eine Art Gewissenserforschung vornehmen, eine Art Rückschau auf das, was uns aus der theosophischen Bewegung heraus deren Wesen und deren Pflichten vor Augen führen kann, was uns auf der anderen Seite in einer Art von Vorschau vor Augen führen soll, was in der Zukunft diese theosophische Bewegung sein soll, was wir zu tun, was wir zu lassen haben.

Durch ganz besondere Umstände, durch gewisse geschichtliche Notwendigkeiten ist in der neueren Zeit das ins Leben gerufen worden, was wir als theosophische Bewegung behandeln. Sie wissen, daß es sich dabei nicht wie bei manchen anderen geistigen oder sonstigen Bewegungen oder Vereinigungen darum handelt, daß eine oder mehrere Persönlichkeiten diese oder jene Ideale sich vorsetzen, und weil sie für diese Ideale gerade aus den Bedingungen ihres Gemütes, ihres Herzens heraus begeistert sind, nun versuchen, andere Menschen auch dafür zu begeistern, um Vereine, Gesellschaften zu begründen und diese Ideale, für die sie persönlich entflammt sind, in Wirklichkeit umzusetzen. In dieser Weise dürfen wir die theosophische Bewegung, wenn wir sie richtig verstehen, nicht auffassen. Wir werden sie nur dann richtig verstehen, wenn wir sie auffassen als geschichtliche Notwendigkeit unseres gegenwärtigen Lebens, als etwas, was, gleichgültig, wie die Menschen darüber empfinden und fühlen mögen, kommen mußte, weil es sozusagen im Schoße der Zeit lag und geboren werden mußte. Als was kann denn diese theosophische Bewegung aufgefaßt werden? Aufgefaßt kann sie werden als ein Heruntersteigen, ein neues Heruntersteigen von geistigem Leben, von geistiger Weisheit und geistigen Kräften aus den übersinnlichen Welten in die sinnlich-physische Welt. Solches Heruntersteigen von geistigem Leben, geistiger Weisheit und geistigen Kräften mußte ja und wird in der Zukunft immer wieder geschehen müssen zur Fortentwicklung der Menschheit. Es kann natürlich heute nicht die Aufgabe sein, auf alle die einzelnen großen Impulse hinzuweisen, durch welche geistiges Leben heruntergeflossen ist aus den übersinnlichen Welten, damit sozusagen das altgewordene Seelenleben der Menschheit erneuert wurde. Das ist im Laufe der Zeit öfter geschehen. Nur auf einiges soll hingewiesen werden.

In urferner Vergangenheit, nicht lange, nachdem die große atlantische Katastrophe hereingebrochen war, die sich in den Überlieferungen der verschiedenen Völker als die Sintflutsage erhalten hat, da hat jener Impuls stattgefunden, den wir bezeichnen können als das Einfließen geistigen Lebens in die Menschheitsentwicklung durch die alten heiligen Rishis. Dann haben wir jenen anderen Strom geistigen Lebens, der herunterfließt in die Menschheitsbewegung durch den großen Zarathustra oder Zoroaster. Dann finden wir einen andern solchen Strom geistigen Lebens in dem, was dem alt-israelitischen Volke in der Moses-Offenbarung zugekommen ist. Und endlich haben wir den größten Impuls, das gewaltigste Hineinfließen übersinnlichen Lebens in die sinnliche Welt durch die Erscheinung des Christus Jesus auf der Erde. Der gewaltigste Impuls ist dies gegenüber aller Vergangenheit und, wie wir auch hervorgehoben haben, gegenüber aller Zukunft der Erdenentwicklung. Aber ebenso ist betont worden, daß immer neue Impulse kommen müssen, daß neues geistiges Leben und eine neue Art, das alte geistige Leben aufzufassen, einströmen muß in die Menschheitsentwicklung. Denn sonst würde der Baum der Menschheitsentwicklung, der grünen muß, wenn die Menschheit ihr Ziel der Entwicklung erreichen soll, dürr werden und absterben. Die gewaltige Christus-Lebenswelle, die eingeflossen ist in die menschliche Entwicklung, muß immer besser und besser begriffen werden durch neue geistige Impulse, die in unser Erdenleben einfließen.

Als nun unser Zeitalter heranrückte, unser 19. Jahrhundert, da war für die Menschheitsentwicklung wieder eine Zeit gekommen, welche einen neuen Einschlag, einen neuen Lebensimpuls forderte. Wieder mußten herunterfließen aus den übersinnlichen Welten in unsere sinnliche Welt hinein neue Anregungen, neue Offenbarungen. Das war eine Notwendigkeit, die man hätte empfinden sollen auf der Erde selber, die man aber namentlich empfand in jenen Regionen, von denen die Lenkung allen Erdenlebens ausgeht in den geistigen Regionen. Es wäre nur kurzsichtige menschliche Betrachtung, wenn man sich etwa sagen wollte: Ach, wozu immer neues Einfließen von ganz neuen Wahrheitsarten? Wozu immer neue Erkenntnisse und neue Lebensimpulse? Was im Christentum zum Beispiel gegeben ist, das ist ja gegeben, und das könnte einfach in der gleichen Weise fortleben!

Diese Betrachtungsweise wäre vor einem höheren Gesichtspunkt eine eminent egoistische. Das ist sie wirklich! Und daß sich solche egoistische Betrachtungsweise gerade bei denjenigen Menschen heute so häufig geltend macht, welche glauben, recht fromm und religiös zu sein, das ist um so mehr ein Beweis dafür, daß es einer Auffrischung des geistigen Lebens bedarf. Wie oft hören wir heute die Redensart: Wozu die neuen geistigen Strömungen? Wir haben die alten Überlieferungen, was uns durch die geschichtlichen Zeiten herauf erhalten worden ist, lassen wir uns das nicht verderben durch dasjenige, was die wissen wollen, die nur immer vorgeben, alles besser zu wissen! – Das ist ein egoistischer Ausdruck der menschlichen Seele. Nur wissen die nicht, welche so handeln, daß er ein so eminent egoistischer ist. Denn die ihn tun, wollen gleichsam nur für die Bedürfnisse der eigenen Seele sorgen. Sie fühlen in sich selber: Wir sind ja zufrieden mit dem, was wir haben! – Und nun stellen sie das Dogma, das furchtbare Gewissensdogma auf: Wenn wir zufrieden sind in unserer Art, dann müssen die, welche von uns lernen sollen, die unsere Nachkommen sind, in gleicher Art zufrieden sein wie wir. Alles muß nach unserem Herzen, nach unserem Wissen gehen! – das ist eine Redensart, die man in der äußeren Welt sehr, sehr oft hört. Und es ist nicht bloß Engigkeit der Seele, es ist etwas, was verknüpft ist mit dem, was eben gekennzeichnet worden ist als ein egoistischer Zug dieser Menschenseele. Und im religiösen Leben können unter der Maske der Frömmigkeit die Seelen vielleicht gerade am alleregoistischsten sein.

Ein Blick in unsere Umwelt, wenn wir ihn mit Verständnis tun wollen, könnte gerade jene Menschen, denen es ernst ist mit der geistigen Entwicklung der Menschheit, das eine lehren: daß die Menschenseele sich entwickelt, und daß immer mehr und mehr von jener Art und Weise abbröckelt, wie man durch Jahrhunderte hindurch den Blick hingelenkt hat gerade auf den größten Impuls der Menschheitsentwicklung, auf den Christus-Impuls. Ich erwähne sonst nicht gern zeitgenössische Dinge, weil das, was heute im äußeren geistigen Leben geschieht, wirklich zumeist zu unbedeutend ist, als daß es in dem ernsten Betrachter tiefere Seiten ansprechen könnte. Aber dem Zeitbetrachter sollte es dennoch eine Gewissensfrage sein, was vielfach heute im geistigen Leben geschieht. Man konnte in den letzten Wochen zum Beispiel in Berlin fast vor keiner Anschlagsäule vorbeigehen, ohne darauf die Ankündigung eines Vortrages oder einer Versammlung zu finden mit dem Thema: Hat Jesus gelebt? – Sie alle wissen vielleicht, daß die Anregung zu dieser Diskussion, die in den weitesten Kreisen gepflogen worden ist, zum Teil mit recht radikalen Waffen, gegeben hat die Anschauung eines deutschen Philosophie-Professors – eines Schülers des Verfassers der «Philosophie des Unbewußten», Eduard von Hartmann – des Professors Dr. Arthur Drews, und besonders dessen Buch «Die Christus-Mythe». Was in diesem Buche zu finden ist, das ist dann weiter bekanntgeworden durch einen Vortrag des Professors Drews, der hier in Berlin gehalten worden ist unter dem Titel «Hat Jesus gelebt?»

Nun kann es heute natürlich nicht meine Aufgabe sein, auf die Einzelheiten der Drewsschen Betrachtungen einzugehen. Ich will nur einige Hauptgedanken vor Ihre Seele hinstellen. Der Verfasser der «Christus-Mythe», also ein moderner Philosoph, der in Anspruch nimmt, die Wissenschaft und das Denken unserer Zeit in sich zu tragen, nimmt die einzelnen Urkunden durch, aus denen man geschichtlich feststellen will, daß eine gewisse Persönlichkeit, die den Namen Jesus von Nazareth getragen hat, im Beginne unserer christlichen Zeitrechnung gelebt hat. Und er versucht aus dem, was die Kritik, was die Wissenschaft ihrerseits festgestellt hat, etwas zusammenzustellen, was sich ihm dann etwa so ergibt, daß er sagt: Sind etwa die einzelnen Evangelien historische Urkunden, aus denen man beweisen kann, daß Jesus wirklich gelebt hat? – Und er nimmt nun alles, was moderne Theologie von dieser oder jener Seite geboren hat, und versucht zu zeigen, daß keines der Evangelien eine historische Urkunde sein könne und daß man nicht beweisen könne aus den Evangelien, daß Jesus gelebt hat. Und da versucht er zu zeigen, daß auch alle anderen Nachrichten rein geschichtlicher Art, die die Menschen haben, unmaßgeblich sind, so daß aus ihnen nicht geschlossen werden könne auf einen historischen Jesus.

Nun weiß jeder, der die Dinge kennt, daß, rein äußerlich betrachtet, diese Betrachtungsweise des Professors Drews ja viel für sich hat und gerade wie eine Art Resultat moderner theologischer Kritik auftritt. Auf die Einzelheiten will ich mich dabei nicht einlassen. Denn gerade darauf kommt es an, daß in unserer Zeit die Behauptung aufgestellt werden kann von jemandem, der die Wissenschaftlichkeit von der philosophischen Seite in sich zu tragen meint, daß er sagt: Es gibt keine historischen Dokumente, aus denen man nachweisen kann, daß Jesus gelebt hat; die historischen Dokumente, aus denen man das beweisen will, sind alle nicht maßgebend. – Woran sich nun Drews hält und alle, die mit ihm gehen, das ist das, was wir von dem Apostel Paulus haben. Es gibt sogar schon neuere Menschen, die auch die Echtheit der gesamten Paulus-Briefe bezweifeln, aber da der Verfasser der «Christus-Mythe» nicht so weit geht, brauchen wir uns auch nicht dabei aufzuhalten. Über Paulus sagt Drews nun folgendes: Paulus ging nicht aus von einer etwaigen persönlichen Bekanntschaft mit dem Jesus von Nazareth, sondern von dem, was er als Offenbarung gehabt hat in dem Ereignis von Damaskus. – Wir wissen, daß das absolut wahr ist. Nun kommt aber Drews zu folgender Anschauung. Was bildete sich nun Paulus für einen Christus-Begriff? Er bildete sich den Begriff eines rein geistigen Christus, der in jeder Menschenseele sozusagen wohnen kann und sich in jeder Menschenseele nach und nach verwirklichen kann. Aber nirgends gäbe es für Paulus eine Notwendigkeit, diesen Christus, den er als ein rein geistiges Wesen ansieht, gegenwärtig zu haben in dem, was ein doch nicht historisch nachweisbarer Jesus gewesen wäre. Daher könnte man sagen: Ob ein historischer Jesus gelebt hat oder nicht, das weiß man nicht; das Christus-Bild des Paulus ist ein rein geistiges, eine reine Idee, die nur etwas wiedergibt, was in jeder Menschenseele als ein Vervollkommnungsimpuls, als eine Art Gott im Menschen leben kann. – Nun weist der Verfasser der «Christus-Mythe» weiter darauf hin, daß gewisse Vorstellungen, ähnlich wie die des Christus Jesus der Christen auch schon vorher vorhanden waren als eine Art vorchristlicher Jesus, und bei verschiedenen orientalischen Völkern weist er den Messias-Begriff nach. Dadurch sieht sich Drews doch genötigt, sich zu fragen: Wodurch unterscheidet sich denn eigentlich die Idee des Christus – von der sich auch in seinem Sinne nicht leugnen läßt, daß Paulus sie gehabt hat –, wodurch unterscheidet sich dieses Bild des Christus in Kopf und Herz des Paulus von dem, was man als Messias-Begriff schon vorher gehabt hat? – Und da sagt Drews: Die Menschen vor Paulus haben ein Christus-Bild eines Gottes, ein Messias-Bild eines Gottes gehabt, der nicht wahrhaft Mensch geworden ist, der nicht bis zur individuellen Menschlichkeit hinuntergestiegen ist. Sie haben sozusagen in ihren verschiedenen Festen, Mysterien und so weiter wie einen symbolischen Vorgang gefeiert: Leiden, Tod und Auferstehung; aber das haben sie nicht gehabt, daß ein einzelner Mensch auf der physischen Erde wirklich Leiden, Tod und Auferstehung durchgemacht hätte. Das war also gleichsam eine allgemeine Idee. Und nun fragt sich der Verfasser der «Christus-Mythe»: Worinnen besteht nun das Neue bei Paulus? Wie hat Paulus selber die Idee des Christus fortgebildet?

Da sagt nun Drews selber: Das ist der Fortschritt, den Paulus gemacht hat gegenüber dem Früheren, daß er sich nicht bloß vorstellte einen allgemeinen, in den höheren Regionen schwebenden Gott, sondern einen Gott, der individueller Mensch geworden ist. – Also ich bitte noch einmal darauf zu achten: Im Sinne des Verfassers der «Christus-Mythe» stellt sich Paulus einen Christus vor, der wirklich individueller Mensch geworden ist. Aber jetzt kommt das höchst eigentümliche: Paulus sollte jetzt bei der Idee bloß stehengeblieben sein, das heißt, Paulus sollte die Idee eines Christus, der wirklich Mensch geworden ist, gefaßt haben, aber dieser Christus als Mensch sollte für Paulus nicht existiert haben! Paulus sollte sich gesagt haben: Die höchste Idee ist die, daß ein Gott, ein Christus, nicht nur in den höheren Regionen schwebt, sondern daß er heruntergestiegen ist auf die Erde und Mensch geworden ist; er habe aber jetzt nicht im Sinne gehabt, daß dieser Christus wirklich auf der Erde in einem Menschen gelebt habe – das heißt: Der Verfasser der «Christus-Mythe» schiebt dem Paulus einen Christus-Begriff zu, der in sich selber ein Hohn ist auf jedes gesunde Denken. Paulus sollte gesagt haben: Der Christus muß wirklich ein individueller Mensch gewesen sein, aber ich leugne, trotzdem ich ihn predige, daß dieser Christus historisch gelebt hat!

Das ist der Kernpunkt der Sache, worum es sich handelt, und der sich uns darstellt nicht als etwas, wozu man viel theologisch-kritische Gelehrsamkeit brauchte, um ihn zu widerlegen, sondern da kann der Verfasser der «Christus-Mythe» durchaus als Philosoph angefaßt werden. Denn dieser Christus-Begriff ist, auch nur philosophisch gefaßt, unmöglich. Der paulinische Christus-Begriff, wenn man ihn nur im Sinne von Drews nimmt, kann gar nicht bestehen, ohne daß der historische Jesus angenommen wird. So fordert also dieses Buch von Drews selber die Existenz eines historischen Jesus. Es kann also heute in den weitesten Kreisen ein Buch als ernste wissenschaftliche Arbeit angesehen werden, das in seinem Mittelpunkt einen solchen Widerspruch hat, daß es aller inneren Logik Hohn spricht! Es ist möglich, daß heute das menschliche Denken solche krummen Wege nimmt! Woher kommt das? Wer sich klar werden wollte über die Entwicklung der Menschheit, der sollte sich diese Frage beantworten: Woher kommt das?

Das kommt daher, daß über dasjenige, was die Menschen in diesem oder jenem Zeitalter glauben oder denken, zuletzt nicht ihre Logik entscheidet, sondern ihre Empfindungen und Gefühle, das heißt, was sie glauben und denken möchten. Und es liegt im tiefsten Zug gerade derjenigen, welche den Christus-Begriff für das kommende Zeitalter vorbereiten, daß sie aus ihrem Herzen heraus alles ausschließen wollen, was in äußeren Urkunden enthalten ist, dabei aber auch wieder den Drang haben, alles durch äußere Dokumente beweisen zu wollen. Diese Urkunden aber verlieren, wenn man sie rein materiell betrachtet, nach einer bestimmten Zeit ihren Wert. Die Zeit wird kommen und gerade so, wie sie kam für Homer und heute schon da ist für Shakespeare, so wird sie für Goethe kommen, daß man wird nachzuweisen versuchen, daß ein historischer Goethe niemals existiert hat. Historische Urkunden, rein materiell gefaßt, müssen ihren Wert mit der Zeit verlieren. Was ist also notwendig, da wir heute bereits in einem Zeitalter stehen, welches in seinen besten Vertretern so denken kann, daß aus einem Drange des Herzens heraus das Ziel entsteht, den historischen Christus wegzuleugnen? Was ist notwendig als ein neuer Einschlag des geistigen Lebens? – Die Möglichkeit ist notwendig, auf geistige Art den historischen Jesus zu begreifen.

Was ist ein anderer Ausdruck für diese Tatsache?

Daß Paulus von dem Ereignis von Damaskus ausgegangen ist, wissen wir alle. Und wir wissen auch, daß das für ihn die große Offenbarung war, während alles, was er hören konnte in Jerusalem, als unmittelbare Nachrichten auf dem physischen Plan, nicht geeignet war, aus einem Saulus einen Paulus zu machen. Was ihn überzeugte, das war die Offenbarung von Damaskus aus den geistigen Welten heraus. Erst dadurch ist das Christentum wirklich entstanden und daraus hat Paulus die Kraft geschöpft, den Christus zu verkündigen. Aber hat er daraus die bloße abstrakte Idee gewonnen, die in sich widerspruchsvoll ist? Nein! Sondern aus dem, was er in den geistigen Welten gesehen hat, hatte er die Überzeugung gewonnen, daß der Christus auf der Erde gelebt, gelitten hat, gestorben und auferstanden ist. «Wäre Christus nicht auferstanden, so wäre meine Lehre nichtig!» das hat Paulus mit Recht gesprochen. Er hat aus den geistigen Welten heraus nicht bloß die Idee des Christus bekommen, sondern die Wirklichkeit von dem Christus, der auf Golgatha gestorben ist. Für ihn war damit der Beweis geliefert für den historischen Jesus.

Rückt nun die Zeit heran, wo durch den Materialismus des Zeitalters die historischen Urkunden ihren Wert verlieren und jeder mit leichter Mühe zeigen kann, daß sie für die Kritik so brüchig werden, daß man auf äußere historische Art nichts beweisen kann, was ist dann notwendig? Dann müssen die Menschen erkennen lernen, daß man den Christus als historischen Jesus auch ohne historische Urkunden erkennen kann dadurch, daß sich das Ereignis von Damaskus für jeden Menschen durch Schulung, oder sogar in der nächsten Zukunft für die ganze Menschheit, erneuern kann, so daß es dadurch möglich ist, eine Überzeugung von dem historischen Jesus zu gewinnen. Das ist die neue Art, die in die Welt kommen muß, diesen Weg zu finden zu dem historischen Jesus.

Denn ob Tatsachen, die geschehen sind, richtig oder unrichtig sind, darauf kommt es nicht an, sondern darauf, daß sie da sind. Nicht darauf kommt es an, daß ein Buch wie «Die Christus-Mythe» diese oder jene Irrtümer enthält, sondern, daß es geschrieben werden konnte. Das zeigt, daß wir ganz andere Methoden notwendig haben, damit der Christus der Menschheit erhalten bleibt und wiedergefunden werden kann. Wer an die Menschheit denkt und an ihre Bedürfnisse und an die Art, wie die Menschenseele sich äußert, der wird sich nicht auf den Standpunkt stellen: Was gehen mich die Menschen alle an, die anders denken? Ich habe meine Überzeugung, für mich genügt das! – Die meisten ahnen gar nicht, was für ein furchtbarer Egoismus gerade darinnen liegt.

Es war nicht irgendeine äußere Idee, ein äußeres Ideal oder eine persönliche Liebhaberei, daß eine Bewegung entstand, durch welche die Menschen lernen sollten, daß es möglich ist, einen Weg in die geistige Welt hinauf zu finden und daß unter dem, was dort zu finden ist, auch der Christus gefunden werden kann, sondern aus einer Notwendigkeit heraus ist diese Bewegung entstanden. Diese Notwendigkeit stellte sich im Laufe des 19. Jahrhunderts ein, und ihr entsprechend sollten die Möglichkeiten herunterfließen aus den geistigen Welten in die physische Welt, durch welche die Menschen fähig werden, die geistige Wahrheit auf eine neue Art und Weise zu gewinnen, weil die alte abgestorben war. Und wie haben wir im Laufe dieses Winters gesehen, wie fruchtbar sich dieser Weg erweist!

Wir haben es immer wieder betont: Das erste, was wir zu tun haben innerhalb unserer Bewegung, ist nicht, zu fußen auf irgendeiner Urkunde oder einem äußeren Dokument, sondern zuerst zu fragen: Was gibt uns das hellseherische Bewußtsein, wenn wir hinaufsteigen in die geistigen Welten? Was sagt das unabhängige geistige Bewußtsein, wenn durch irgendeine Katastrophe alle historischen Hinweise auf den historischen Jesus, auf die Evangelien und auch auf die Paulus-Briefe verlorengegangen wären? Was sagt der Weg, der jeden Tag und jede Stunde angetreten werden kann, von den geistigen Welten? Er sagt: Du findest in den geistigen Welten den Christus, und wenn du auch nichts historisch davon weißt, daß der Christus auf der Erde da war in der Zeit, wo unsere Zeitrechnung beginnt! Das ist die Tatsache, die durch eine Erneuerung des Ereignisses von Damaskus immer wieder festgestellt werden kann: Es gibt einen ursprünglichen Beweis für die historische Persönlichkeit des Jesus von Nazareth! Und wie nicht bloß an der Schultafel für einen Schüler gesagt wird: Du mußt glauben, daß die drei Winkel eines Dreiecks 180 Grad sind, weil irgendwann im Altertum ein Mensch das einmal festgestellt hat! – sondern wie wir ihm heute beweisen können, daß die drei Winkel eines Dreiecks 180 Grad betragen, so zeigen wir heute aus dem geistigen Bewußtsein heraus, daß der Christus nicht nur immer da war, sondern daß der historische Jesus gefunden werden kann in den geistigen Welten, daß er eine Realität ist und gerade eine Realität für die Zeit, die uns überliefert worden ist.

Dann gingen wir weiter und zeigten, wie dasjenige, was wir durch geistige Erkenntnis ohne die Evangelien festgestellt haben, sich wiederfindet in den Evangelien. Und jetzt empfinden wir für die Evangelien jene hohe Achtung und Schätzung, die durch nichts überboten werden kann, weil wir in ihnen wiederfinden, was wir unabhängig von den Evangelien in den geistigen Welten gefunden haben, und wir wissen jetzt: Also müssen sie aus denselben Quellen übersinnlicher Erleuchtung hervorgegangen sein, aus denen wir heute schöpfen, müssen Urkunden aus den geistigen Welten sein.

Daß eine solche Betrachtung überhaupt möglich ist, daß also geistiges Leben einrückt in menschliche Wissenschaftlichkeit, das ist der Sinn dessen, was wir theosophische Bewegung nennen. Und damit das, was geschehen mußte, geschehen konnte, dazu mußte die Anregung gegeben werden durch die Theosophische Gesellschaft. Das ist die eine Seite der Sache. Die andere Seite ist die, daß diese Anregung gerade hineinfallen mußte in eine Zeit, die dafür am wenigsten reif war. Das zeigt sich gerade daran, daß heute, nachdem die theosophische Bewegung bereits dreißig Jahre in der Welt ist, noch immer das Lied fortdauert von dem «unhistorischen Jesus» und so weiter. Wieviel weiß man denn heute außerhalb unserer Bewegung, daß es möglich ist, den historischen Jesus ganz anders zu finden, als durch die äußeren Urkunden? Man setzt fort, was man im 19. Jahrhundert getan hat: die Autorität der religiösen Urkunden zu untergraben. So war die Notwendigkeit, daß diese neue Möglichkeit der Menschheit gegeben werden mußte, die denkbar größte, und auf der anderen Seite waren die Vorbereitungen der Menschen, um diese Offenbarungen entgegenzunehmen, die denkbar geringsten. Oder glauben Sie vielleicht, daß die Menschen, daß die Philosophen von heute dafür besonders reif gewesen wären? Wie weit die Philosophen am Anfange des 20. Jahrhunderts sind, sehen Sie an der Idee, welche sie über den Christus des Paulus fassen. Wer das wissenschaftliche Leben kennt, der weiß, daß dieses wissenschaftliche Leben zwar eine hohe und letzte Konsequenz dessen ist, was sich seit Jahrhunderten als Materialismus vorbereitet hat, daß es zwar behauptet, über den Materialismus hinauszuwollen, daß aber dasjenige, was sich als Denkweise im Materialismus zeigt, nichts weiter ist als etwas Absterbendes. Wissenschaft, wie sie heute existiert, ist zwar eine reife Frucht, aber eine solche Frucht, die das Schicksal jeder reifen Frucht hat: daß sie anfängt abzusterben. An dieser Wissenschaft kann niemand finden, der sie versteht, daß sie einen neuen Trieb hervorbringen könnte zur Erneuerung ihrer Denkungs- und Beweisart.

Wenn wir das bedenken, dann werden wir jetzt, ganz abgesehen von allem übrigen, begreifen das Gewicht der Anregung, das gekommen ist von H. P. Blavatsky, ganz gleichgültig, wie wir zu denken haben über die Einzelheiten ihres Lebens und ihrer Fähigkeiten. Sie war das Instrument, um die Anregung zu geben, und sie erwies sich immerhin als ein geeignetes Instrument dafür. Und wir sind als Mitglieder der theosophischen Bewegung, wenn wir an einem solchen Tage uns mit einer solchen Festlichkeit befassen, in einer ganz besonderen Lage. Wir feiern ein ganz persönliches Fest, das auf ein Persönliches hinweist. Nun ist der Autoritätsglaube schon in der äußeren Welt etwas sehr Gefährliches; er ist aber deshalb dort nicht so gefährlich, weil Eifersucht, Neid und so weiter eine so große Rolle spielen, daß, selbst wenn Verehrung von einzelnen Persönlichkeiten sich äußerlich geltend macht in ziemlich starkem Weihrauchstreuen, doch Egoismus und Neid den Leuten im Nacken sitzen. Aber in der theosophischen Bewegung ist die Gefahr des Schadens alles Persönlichkeitskultus und alles Autoritätsglaubens eine außerordentlich große. Daher sind wir in einer ganz besonderen Lage, wenn wir ein Fest feiern, das einer Persönlichkeit geweiht ist. Und wir sind nicht nur aus den Gewohnheiten der Zeit heraus, sondern aus der Sache heraus in einer besonderen Schwierigkeit, weil die Offenbarungen aus den höheren Welten immer den Umweg über die Persönlichkeit nehmen müssen. Persönlichkeiten müssen die Träger sein für die Offenbarungen, und dennoch sollen wir uns hüten, die Persönlichkeiten mit den Offenbarungen zu vermischen. Wir müssen die Offenbarungen empfangen durch Vermittlungen der Persönlichkeiten. Wie nahe liegt die Frage, die immer wieder auftritt: Ist die Persönlichkeit glaubhaft? Was hat sie alles getan an diesem oder jenem Tage, was mit unseren Begriffen gar nicht [überein]-stimmt! Kann man also glauben an diese Sache?

Das entspricht einem gewissen Hang unserer Zeit, den man charakterisieren könnte als einen gewissen Mangel in der Hingabe an die Wahrheit. Wie oft kann man es heute erleben, daß sich die Leute einverstanden erklären mit dem Wirken einer Persönlichkeit vielleicht von Jahrzehnten: das gefällt ihnen ganz gut, da sind sie zu bequem, um irgend etwas zu prüfen. Wenn sich dann aber vielleicht nach Jahrzehnten herausstellt, daß das Privatleben dieser Persönlichkeit dieses oder jenes aufweist, wo man vielleicht einhaken kann, dann fällt diese Persönlichkeit dahin. Ob das nun berechtigt ist oder nicht, darauf kommt es gar nicht an, sondern darauf, daß man ein Gefühl dafür bekommen soll, daß die Persönlichkeit zwar der Weg ist, durch welchen geistiges Leben zu uns kommt, daß wir aber die Verpflichtung haben, selbst zu prüfen, und zwar an der Wahrheit die Persönlichkeit zu prüfen, und nicht die Wahrheit an der Persönlichkeit! Gerade den Persönlichkeiten gegenüber in unserer theosophischen Bewegung müssen wir uns immer so verhalten. Und wir verehren sie im Grunde genommen am besten, wenn wir sie nicht mit Autoritätsglauben behängen, wie man das so gern tun möchte, denn wir wissen, daß die Wirksamkeit einer verstorbenen Persönlichkeit nach dem Tode nur verlegt ist in die geistige Welt. Es ist berechtigt zu sagen: Die Wirksamkeit von H. P. Blavatsky dauert fort, und wir können innerhalb dessen, wozu sie die Anregung gegeben hat, diese Wirksamkeit entweder fördern oder beeinträchtigen. Wir beeinträchtigen diese Wirksamkeit am allermeisten dann, wenn wir der Blavatsky blind glauben, wenn wir schwören auf das, was sie gedacht hat, als sie auf dem physischen Plan wandelte, wenn wir glauben wollten, wie sie vielleicht gerade geglaubt hat, und ihr mit einer blinden Autorität entgegenkommen. Und wir fördern und verehren sie am allermeisten, wenn wir uns bewußt sind: Sie hat die Anregung gegeben zu einer tiefsten, in der Notwendigkeit der Menschheitsentwicklung begründeten Bewegung. Wir schreiben ihr dieses Verdienst zu und sehen ein, daß diese Bewegung kommen mußte. Aber es sind Jahre seitdem verflossen, und wir wollen uns dieser Anregung würdig erweisen, indem wir sagen: Was angeregt worden ist, das muß weitergebildet werden. – Wir sehen ein: Durch diesen Kopf mußte die Anregung gehen. Wir stecken unsere Nase nicht in die Privatverhältnisse von H. P. Blavatsky, insbesondere nicht am heutigen Tage. Wir wissen, was die Anregung bedeutet, aber wir wissen auch, daß die Anregung dasjenige, was geschehen soll, nur in der unvollkommensten Weise darstellen kann. Und wenn wir das betrachten, was im letzten Winter vor unsere Seele getreten ist, so müssen wir sagen: Was H. P. Blavatsky angeregt hat, ist zwar etwas tief Einschneidendes; aber was hat alles Frau Blavatsky durch ihre erste Tat nicht tun können? – Was jetzt erst in dieser Stunde bewiesen worden ist: Die Notwendigkeit der theosophischen Bewegung für das Christus-Erlebnis, das ist etwas, was der Blavatsky ganz verschlossen war. Ihr oblag es, hinzuweisen auf den Wahrheitskern in den Religionen der arischen Völker; vollständig verschlossen war es ihr, die alt- und neutestamentlichen Offenbarungen zu verstehen. Wir verehren das, was die Persönlichkeit positiv geleistet hat, und blicken nicht auf das, was sie nicht konnte und was ihr verschlossen war und was wir eben hinzufügen müssen. Wer sich durch H. P. Blavatsky anregen läßt und weitergehen will, als sie selbst gegangen ist, der wird sich sagen: Wenn die Anregung, die H. P. Blavatsky gegeben hat, in der theosophischen Bewegung weitergeführt wird, dann wird man dazu kommen, das Christus-Ereignis zu begreifen.

Das aber war gerade der Mangel der ersten theosophischen Bewegung, daß das alttestamentliche und neutestamentliche religiöse und geistige Leben nicht begriffen werden konnte. Daher ist im Grunde alles schief, was in dieser ersten Anregung darüber enthalten ist. Und die theosophische Bewegung hat die Aufgabe, das wieder gut zu machen und dasjenige, was in den ersten Anregungen überhaupt nicht enthalten war, hinzuzufügen. Wenn wir diese Tatsache in uns heute fühlen, ist sie zugleich eine Anforderung an unser theosophisches Gewissen.

So sehen wir gerade in H. P. Blavatsky die Bringerin einer Art von Morgenröte eines neuen Lichtes. Aber was würde dieses Licht nützen, wenn es nicht das Allerwichtigste, was die Menschheit gehabt hat, beleuchten wollte? Eine Theosophie, welche nicht die Mittel hat, das Christentum zu begreifen, ist für die gegenwärtige Kultur absolut wertlos. Wenn sie aber doch das Instrument ist, um das Christentum zu begreifen, dann haben wir das Instrument in der richtigen Weise zu benutzen. Was machen wir denn, wenn wir dies nicht tun, was eben charakterisiert worden ist, wenn wir nicht die Anregung von H.P. Blavatsky benutzen, um das Christentum zu begreifen? Dann hemmen wir die Wirksamkeit des Geistes der Blavatsky in unserer Zeit! Alles ist doch in Entwicklung, also auch der Geist der Blavatsky. Und dieser Geist wirkt heute in der geistigen Welt, daß die theosophische Bewegung vorschreitet. Wenn wir uns aber vor H. P. Blavatsky hinstellen mit den Büchern, die sie geschrieben hat, und sagen: Mit deinen eigenen Werken richten wir dir einen Hügel auf! Du mußt stehenbleiben bei dem, was du getan hast im physischen Leben! – wer ist es denn dann, der den Geist der Blavatsky zu einem erdgebundenen macht, der ihn dazu verurteilt, daß er nicht hinübergehen kann über das, was er auf der Erde gestiftet hat? Wir selber wären das! Dadurch aber ehren und anerkennen wir H. P. Blavatsky, wenn wir über sie hinausgehen, wie sie über das hinausgegangen ist, was vor ihr war, so lange uns die Gnade der Weltenentwicklung geistige Offenbarungen aus der geistigen Welt geben kann.

Das wollen wir heute als eine Gewissensfrage vor unsere Seelen hintreten lassen, und das ist schließlich am allermeisten auch im Sinne desjenigen Zeitgenossen, der jetzt auch schon in die geistige Welt eingegangen ist, H. S. Olcotts, des ersten Präsidenten der Theosophischen Gesellschaft. Das wollen wir uns heute ganz besonders in die Seele schreiben! Denn gerade durch die Nichterkenntnis des lebendigen theosophischen Lebens sind auch alle Schattenseiten der theosophischen Bewegung entstanden: Würde die theosophische Bewegung ihre ursprünglichen großen Impulse mit heiligem Gewissen ungeschwächt fortführen, so würde sie durch ihre Kraft alles leicht aus dem Felde schlagen können, was an verderblichen Einschlägen im Laufe der Zeit bereits aufgetreten ist und was ganz gewiß noch auftreten wird. Das aber müssen wir auch ernstlich tun: die Impulse lebendig fortbilden. Heute aber sehen wir an vielen Orten, wo Theosophen zu wirken meinen, daß sie sich ganz besonders behaglich fühlen, wenn sie sagen: Wir tun jetzt etwas, was uns die äußere Wissenschaft auch bestätigt! – Wie lieb ist es manchen führenden Theosophen, wenn sie hinweisen können, wie die Religionsforscher auch das bestätigen, was aus der geistigen Welt herausgekommen ist, und gar nicht beachten sie, daß gerade die ungeistige Art der Vergleichung der religiösen Urkunden überwunden werden sollte. Da berührt sich zum Beispiel Theosophie sogar hart mit dem, was absterbend war und zur Leugnung des historischen Jesus geführt hat, und da ist sogar eine gewisse Verwandtschaft mit diesen Dingen vorhanden. Ursprünglich hat Theosophie den historischen Jesus auch nur gelten lassen wie die anderen Religionsstifter. Es ist der Blavatsky nicht eingefallen, den historischen Jesus zu leugnen. Sie hat ihn zwar in der Zeit um hundert Jahre hinausgeschoben, was allerdings ein Irrtum ist, sie hat ihn also nicht geleugnet, aber sie hat auch das Wesen des Christus Jesus nicht erkannt. Sie hat zwar die Anregung gegeben, daß in der von ihr eingeleiteten Bewegung das Wesen des Christus einmal erkannt werden kann, hat es aber selbst nicht tun können. Da berührt sich der erste Zustand der theosophischen Bewegung höchst merkwürdig mit dem, was die Leugner des historischen Jesus heute tun.

So wird heute zum Beispiel von Professor Drews darauf hingewiesen, daß man die Vorgänge, welche dem Ereignis von Golgatha vorangehen, auch in der alten Götter-Erklärung findet, so zum Beispiel in den Kulten des Adonis oder Tammuz. Da zeigt sich ein leidender Gottesheld, ein sterbender Gottesheld, ein auferstehender Gottesheld und so weiter. Es wird immer verglichen, was da und dort religiöse Überlieferung ist und dann wird geschlossen: Es wird euch erzählt von einem leidenden, sterbenden und auferstehenden Jesus von Nazareth, der der Christus war, aber ihr seht, daß das die anderen Völker auch feierten an Adonis, an Tammuz und so weiter. Überall wird hingewiesen auf die Ähnlichkeit dieser oder jener alten Götterfigur mit dem, was in den Vorgängen von Palästina beschrieben wird.

Das ist im weiten Umfange im Grunde auch in der theosophischen Bewegung getrieben worden. Man sieht gar nicht heute bei dieser Religionsvergleichung, daß damit gar nichts gesagt ist, wenn man vergleicht Adonis oder Tammuz mit den Ereignissen von Palästina. Ich will Ihnen nur durch einen Vergleich einmal vor die Seele führen, wo der Irrtum einer solchen Religionsvergleichung liegt. Äußerlich kann sie absolut richtig sein, aber dennoch ist sie einem gewaltigen Irrtum unterworfen. Nehmen Sie an, es gibt eine Uniform irgendeines Beamten, der, sagen wir, im Jahre 1910 lebte. Die Uniform, welche dieser Beamte im Jahre 1910 trägt, stellt zu gleicher Zeit die äußere Art seiner Tätigkeit dar, seines Amtes. Und nehmen wir weiter an, im Jahre 1930 steckte ein anderer Mensch, der ganz anders ist, in derselben Uniform. Aber nicht auf die Uniform, sondern auf die Individualität kommt es dabei an, wie ein Mensch seine Arbeit verrichtet. Jetzt aber denken wir uns, im Jahre 2090 käme ein Geschichtsforscher, der etwa sagte: Es wird berichtet, daß es im Jahre 1910 einen Menschen gab, der diesen Rock, dieses Beinkleid und diese Weste angehabt hat. Im Jahre 1930 aber sehe ich auch den gleichen Rock, dieselbe Weste und dieselben Beinkleider, also sehen wir, daß sich Rock, Beinkleid und Weste fortgepflanzt haben, und daß wir beide Male eigentlich dasselbe Wesen vor uns haben!

Ein solcher Schluß ist natürlich töricht. Aber es ist nicht gescheiter, wenn man sagt: Wir nehmen die vorderasiatischen Religionen und sehen da, wie in Adonis oder Tammuz Leiden, Sterben und Auferstehung dargestellt wird; dasselbe finden wir beim Christus auch! – Darauf kommt es aber nicht an, daß Leiden, Sterben und Auferstehen dargestellt wird, sondern darauf, wer auferstanden ist! Leiden, Tod und Auferstehung ist die Uniform in der weltgeschichtlichen Entwicklung, und wir dürfen nicht auf die Uniform, die uns in den Legenden entgegentritt, hinweisen, sondern auf die Individualitäten, welche darinnenstecken. Gewiß haben sich die Individualitäten, damit die Menschen sie begreifen, in derselben Weise gezeigt, haben sozusagen «Christus-Taten» vollbracht, welche zeigen sollten: Er kann auch die Taten verrichten, die einmal ein Tammuz zum Beispiel hat. – Aber es war immer eine andere Wesenheit hinter diesen Taten. Daher ist alle Religionsvergleichung, daß zum Beispiel die Siegfried-Gestalt übereinstimmt mit der Baldur-Gestalt, die Baldur-Gestalt mit der Tammuz-Gestalt und so weiter, nur ein Zeichen dafür, daß gewisse Formen der Legenden und Mythen bei diesen und jenen Völkern vorkommen. Das ist nicht mehr wert, als wenn man, um die Menschen kennenzulernen, zeigen würde, wie sich eine bestimmte Uniformgattung bei einem bestimmten Amte wiederfindet. Das ist der fundamentale Irrtum, der überall grassiert und der zum Beispiel auch in der theosophischen Bewegung grassieren kann, und der nichts anderes ist, als eine Konsequenz materialistischer Denkgewohnheiten.

Nur dann wird das Testament der Blavatsky erfüllt werden, wenn die theosophische Bewegung fähig ist, das Leben des Geistes in sich zu pflegen und zu bewahren, wenn auf den Geist gesehen wird, der sich nicht durch Bücher, die jemand geschrieben hat, sondern durch das lebendige Leben immerfort zeigt. Geist soll bei uns gepflegt werden. Nicht Bücher wollen wir bloß studieren, die vor Jahrhunderten geschrieben worden sind, sondern lebendig fortentwickeln, was uns als Geist gegeben ist. Und wir wollen etwas sein wie eine Vereinigung von Menschen, die nicht bloß glauben an Bücher und Menschen, sondern an den lebendigen Geist, und die nicht bloß davon sprechen, daß H. P. Blavatsky abgegangen ist vom physischen Plan und nach ihrem Tode weiter lebt, sondern die so weit lebendig glauben an das, was durch die Theosophie offenbart worden ist, daß sie selbst durch ihre eigene Wesenheit auf dem physischen Plan kein Hemmnis sein können für das übersinnliche Fortwirken des Geistes der Blavatsky. Nur dann werden wir der theosophischen Bewegung etwas sein, wenn wir so denken über H. P. Blavatsky , und nur dann wird H. P. Blavatsky etwas sein können für die theosophische Bewegung, wenn solche Menschen auf Erden existieren, die so denken können. Aber dazu ist notwendig, daß weiter geistig geforscht wird, und daß man vor allen Dingen glaubt an das, was besonders in dem letzten öffentlichen Vortrag erwähnt worden ist: daß die Menschheit im Fortschreiten begriffen ist, und daß wirklich so etwas in die Geschichte eingetreten ist zur Zeit des Christus Jesus wie das Gewissen, und daß solche Dinge entstehen und eine Bedeutung haben für die ganze Entwicklung. Das Gewissen ist etwas, was zu einem bestimmten Zeitpunkt eingetreten ist. Das Gewissen war früher etwas anderes, und es wird wieder etwas anderes werden, nachdem die Menschenseelen im Lichte des Gewissens sich eine Weile entwickelt haben werden. Wie das Gewissen sich verändern wird in der Zukunft, darauf haben wir auch schon hingewiesen.

Parallel gehen wird mit dem Auftreten des Ereignisses von Damaskus bei einer großen Anzahl Menschen im Laufe des 20. Jahrhunderts so etwas, daß die Menschen lernen werden, wenn sie irgendeine Tat im Leben getan haben, aufzuschauen von dieser Tat. Sie werden bedächtiger werden, werden ein innerliches Bild haben von der Tat – zunächst wenige, dann immer mehr und mehr im Laufe der nächsten zwei bis drei Jahrtausende. Nachdem die Menschen etwas getan haben werden, wird das Bild da sein. Sie werden zunächst nicht wissen, was das ist. Die aber Geisteswissenschaft kennengelernt haben, werden sich sagen: Hier habe ich ein Bild! Das ist kein Traum, gar kein Traum, es ist ein Bild dessen, was mir die karmische Erfüllung dieser Tat zeigt, die ich eben getan habe. Das wird einmal geschehen als Erfüllung, als karmischer Ausgleich dessen, was ich eben getan habe! – Das wird im 20. Jahrhundert beginnen. Da wird sich für den Menschen hinzuentwickeln die Fähigkeit, daß er ein Bild hat von einer ganz fernen, noch nicht geschehenen Tat. Das wird sich zeigen als ein inneres Gegenbild seiner Tat, als die karmische Erfüllung, die einmal eintreten wird. Der Mensch wird sich dann sagen: Jetzt habe ich dies getan. Nun wird mir gezeigt, was ich zum Ausgleich tun muß, und was mich immer zurückhalten würde in der Vervollkommnung, wenn ich den Ausgleich nicht vollbringen würde. – Da wird Karma nicht eine bloße Theorie mehr sein, sondern es wird dieses charakterisierte innere Bild erfahren werden.

Solche Fähigkeiten treten nach und nach immer mehr auf. Neue Fähigkeiten entwickeln sich, aber die alten Fähigkeiten sind die Keime für die neuen. Wovon werden es denn die Menschen haben, daß sich das karmische Bild zeigen wird? Davon werden sie es haben, daß die Seele eine gewisse Zeit im Lichte des Gewissens gestanden hat! Das ist ja das Wichtige für die Seele: nicht daß dieses oder jenes äußere Physische erlebt wird, sondern daß die Seele dadurch vollkommener wird. Durch das Gewissen bereitet sich die Seele zu demjenigen vor, was jetzt charakterisiert worden ist. Und je mehr die Menschen gegangen sein werden durch Inkarnationen, wo sie besonders das Gewissen ausgebildet haben, je mehr sie dieses Gewissen in sich pflegen werden, desto mehr werden sie tun, um jene höhere Fähigkeit zu haben, die ihnen im geistigen Schauen selber jene Gottesstimme wieder vorführt, welche die Menschen früher einmal in anderer Weise gehabt haben. Äschylos stellte noch einen solchen Orest dar, der vor sich hatte, was seine schlimmen Taten bewirkten. Orest muß noch ansehen, wie die Wirkung seiner Taten in die Außenwelt hinausgestellt ist. Die neue Fähigkeit, welche sich für die Seele entwickelt, ist eine solche, daß der Mensch in Bildern sehen wird die Wirkung seiner Taten für die Zukunft. Das ist das Neue. Die Entwicklung verläuft immer zyklisch, immer kreisförmig, und was die Menschheit an dem alten Schauen besessen hat, das stellt sich in erneuerter Weise auch wieder ein.

So bereiten wir uns durch die Erkenntnisse der geistigen Welt vor, daß wir wirklich in einer richtigen Weise in der nächsten Inkarnation aufwachen, und dadurch arbeiten wir auch in der Weise, daß auch für die Menschen, die unsere Nachkommen sind, im entsprechenden Maße gesorgt ist. Dadurch ist die Geistesforschung in ihrem inneren Grunde eine unegoistische Richtung, weil sie nicht fragt, was dem einzelnen frommt, sondern wodurch der Fortschritt der ganzen Menschheit bewirkt wird.

Wir haben nun zweimal gefragt: Was ist das Gewissen? Jetzt haben wir auch gefragt: Was wird aus dem Gewissen, das sich heute entwickelt? Wie stellt sich das Gewissen dar, wenn wir es betrachten als einen Samen in der Zeit, welche die Menschheit jetzt durchmacht? Was wird aus dem, was das Gewissen als Keim bewirkt? – Diese charakterisierten höheren Fähigkeiten werden daraus! Das ist das Wichtige, daß wir an die Entwicklung der Seele von Inkarnation zu Inkarnation, von Zeitalter zu Zeitalter glauben. Das lernen wir, indem wir das wirkliche Christentum verstehen lernen. Und da haben wir von Paulus noch sehr viel zu lernen. Sehen Sie sich bei allen orientalischen Religionen um, auch beim Buddhismus, Sie finden die Lehre: Die äußere Welt ist Maja. – Gewiß ist sie das, aber das wird im Orient als eine absolute Wahrheit hingestellt. Paulus weiß diese Wahrheit auch, sie ist wahrhaftig bei ihm genügend betont. Aber etwas anderes ist bei Paulus noch betont, nämlich dies: Wohl sieht der Mensch nicht Wahrheit, wenn er hinausschaut mit seinen Augen, er sieht nicht die Wirklichkeit, wenn er in das schaut, was draußen ist. Warum nicht? Weil er sich selbst bei seinem Herunterstieg in die Materie die äußere Wirklichkeit zur Illusion umgegossen hat! Der Mensch ist es selbst, der die äußere Welt durch seine Tat zur Illusion gemacht hat! Nennen Sie es nun mit der Bibel «Sündenfall» oder sonstwie, was bewirkt, daß ihm die äußere Welt jetzt als eine Illusion erscheint. Den «Göttern» gibt die orientalische Religionslehre die Schuld, daß dem Menschen die Welt als Maja erscheint. Schlag an deine eigene Brust! – so sagt Paulus –, du bist heruntergestiegen und hast deine eigene Anschauung so getrübt, daß Farbe und Ton nicht wirklich als ein Geistiges erscheinen. Du glaubst, daß Farbe und Ton etwas ist, was materiell für sich da ist? Maja ist es! Du hast es selbst zur Maja gemacht. Du Mensch, du mußt dich selbst davon wieder erlösen. Du mußt dir das, was du verwirkt hast, wieder aneignen! Du bist heruntergestiegen in die Materie, und jetzt mußt du dich selbst wieder davon erlösen, davon befreien, aber nicht in der Weise, wie es Buddha sagt: Bezwinge den Drang nach Dasein! Nein! Du mußt das Dasein der Erde in ihrer Wirklichkeit sehen. Was du selber zur Maja gemacht hast, das mußt du wieder richtig machen in dir. Und das kannst du, indem du die Christus-Kraft in dich aufnimmst, die dir die äußere Welt in ihrer Wirklichkeit zeigt!

Darin liegt ein großer Impuls westländischen Lebens, ein neuer Zug, und der ist noch lange nicht auf den einzelnen Gebieten durchgeführt. Was weiß heute die Welt davon, daß auf einem Gebiete sogar versucht worden ist, sozusagen im Sinne des Paulus, eine Erkenntnistheorie zu schaffen? Eine solche Erkenntnistheorie könnte nicht im kantischen Sinne sagen: Das Ding an sich ist etwas Unbegreifliches –, sondern sie könnte nur sagen: Es liegt an dir, Mensch, du bewirkst durch das, was du jetzt bist, eine unrichtige Wirklichkeit. Du mußt selbst einen inneren Prozeß durchmachen. Dann verwandelt sich dir Maja in Wahrheit, in die geistige Wirklichkeit! – In diesem Sinne die Erkenntnistheorie auf paulinische Basis zu stellen, war die Aufgabe meiner beiden Schriften «Wahrheit und Wissenschaft» und «Die Philosophie der Freiheit». Diese beiden Bücher stellen sich hinein in das, was die große Errungenschaft der paulinischen Auffassung vom Menschen ist in der westländischen Welt. Daher sind diese Bücher auch so wenig verstanden worden, höchstens in einigen Kreisen, weil sie voraussetzen gerade die ganzen Impulse, welche in der Bewegung für Geisteswissenschaft zum Ausdruck gekommen sind. Im Kleinsten muß sich das Größte zeigen!

Durch solche Betrachtungen, die uns von unserer engen Menschlichkeit emporheben und uns zeigen, wie wir in unserer kleinen alltäglichen Arbeit anknüpfen können an das, was uns von Stufe zu Stufe, von Leben zu Leben immer mehr hineinführt in das geistige Dasein, durch solche Betrachtungen werden wir zu rechten Theosophen. Und wir dürfen uns einer solchen Betrachtung gerade hingeben an einem Tage, der gewidmet ist einer Persönlichkeit, die eine Anregung gegeben hat zu einer Bewegung, die immer weiter und weiter leben wird, die nicht für einen Menschen eine graue Theorie bleiben soll, sondern die Lebenssaft in sich haben soll, damit der Baum immer von neuem grünen wird, den wir den Baum der theosophischen Weltanschauung nennen.

Aus diesem Geiste heraus wollen wir es versuchen, uns geeignet zu machen, einen Boden zu bereiten in unserer Bewegung, der die Impulse der Blavatsky nicht hemmt und zurückhält, sondern zu immer weiterer Entfaltung fördert.

HINWEISE

Zu dieser Ausgabe

Die hier vorliegenden sieben Vorträge sind ein kleiner Ausschnitt aus den vielen Vorträgen, die Rudolf Steiner im Berliner Besant Zweig durch viele Jahre hindurch gehalten hat, wenn er nicht auf Reisen gewesen ist. Er sprach wöchentlich mindestens einmal in diesem Arbeitskreis. Da diese sieben Vorträge noch zu Rudolf Steiners Lebzeiten im Jahre 1921 als Manuskriptdruck (Zyklus 17) erschienen sind, ist diese Zusammenstellung auch innerhalb der Gesamtausgabe beibehalten worden, obwohl chronologisch noch andere Vorträge dazwischen gehalten worden sind. Diese finden sich in dem Band «Die tieferen Geheimnisse des Menschheitswerdens im Lichte der Evangelien», GA 117.

Textgrundlagen: Die Vorträge wurden von dem Berliner Mitglied Walter Vegelahn mitstenographiert. Dem Druck liegt die Übertragung seines Stenogramms in Klartext zugrunde. Ein Originalstenogramm liegt jedoch nicht vor. Textkorrekturen der 3. und 4. Auflage gegenüber den früheren Auflagen gehen auf teilweise vorliegende andere Nachschriften zurück. Für diese 5. Auflage wurden einige geringfügige orthographische und syntaktische Korrekturen vorgenommen, die Hinweise ergänzt und ein Namenregister sowie ein Literaturhinweis erstellt.
Folgende drei Ausdrücke wurden sinngemäss angepasst:

Seite

48 Z. 21 *schrecklich* statt *erschrecklich*

51 Z. 24 *sorgt heute noch immer dafür* statt *besorgt heute noch immer*

83 Z. 4 vu *bezogen sind* statt *bezüglich sind*

Die in den Nachschriften stehenden Worte «Theosophie» und «theosophisch» wurden auf Grund einer Anweisung Rudolf Steiners durch die Ausdrücke «Anthroposophie» oder «Geisteswissenschaft» ersetzt. Die Bezeichnung «Theosophie» gebrauchte Rudolf Steiner, weil er zur Zeit dieser Vorträge mit seiner anthroposophisch orientierten Geisteswissenschaft noch innerhalb der Theosophischen Gesellschaft lehrte, von der er sich einige Jahre später jedoch getrennt hat.

Der *Titel des Bandes* dürfte noch auf Rudolf Steiner zurückgehen, wenngleich die Nachschriften nicht von ihm selbst durchgesehen worden sind.

Werke Rudolf Steiners innerhalb der Gesamtausgabe (GA) werden in den Hinweisen mit der Bibliographie-Nummer angegeben. Siehe auch die Übersicht am Schluß des Bandes.

Hinweise zum Text

zu Seite

9 *Heute, gelegentlich der Generalversammlung:* Am Tag zuvor, 24. Oktober 1909, fand die 8. Generalversammlung der Deutschen Sektion der Theosophischen Gesellschaft statt, die nun sieben Jahre bestand. Siehe auch Rudolf Steiners Rede in den «Mitteilungen für die Mitglieder der Deutschen Sektion der Theosophischen Gesellschaft (1905–1913) und für die Mitglieder der Anthroposophischen Gesellschaft (1913–1914)», herausgegeben von Mathilde Scholl. Dornach 1999, S. 120 ff.

in den Vorträgen über Anthroposophie: In «Anthroposophie, Psychosophie, Pneumatosophie», GA 115.

11 *Dr. Carl Unger,* 1878–1929, Maschinen-Ingenieur. Einer der bedeutendsten Pioniere der anthroposophischen Bewegung. Er pflegte eine streng philosophisch-wissenschaftliche und eigenständige Auseinandersetzung mit den Grundgedanken der Anthroposophie und wurde von Rudolf Steiner in diesen Bemühungen sehr geschätzt. Siehe seine «Gesammelten Schriften» I–III, Stuttgart 1981. Zum Thema Ich und Nicht-Ich siehe insbesondere den 1910 entstandenen Aufsatz «Das Ich und das Wesen des Menschen» in «Gesammelte Schriften» Band I.

12 *was wir «reine Gedanken» nennen:* siehe hierzu Rudolf Steiners grundlegende Schrift «Die Philosophie der Freiheit. Grundzüge einer modernen Weltanschauung – Seelische Beobachtungsresultate nach naturwissenschaftlicher Methode», 1894. GA 4.

13 135–137 *Äschylos,* um 525–456 v. Chr.: einer der großen griechischen Tragödiendichter. Siehe auch Rudolf Steiners Vortrag vom 12. Mai 1910 «Die Mission der Kunst» in «Metamorphosen des Seelenlebens – Pfade der Seelenerlebnisse», Zweiter Teil, GA 59.

Euripides, 485/480–407 v. Chr. Neben Äschylos und Sophokles einer der drei großen griechischen Tragödiendichter.

24 *in dem zweiten Vortrag über «Anthroposophie»:* Vortrag vom 25. Oktober 1909 in Berlin über den Aufbau der Sinne. In: «Anthroposophie, Psychosophie, Pneumatosophie», GA 115.

28 *Orpheus:* Vgl. auch Rudolf Steiners Vortrag in Berlin, 16. Januar 1911 in «Exkurse in das Gebiet des Markus-Evangeliums», GA 124.

30 *jene Wesenheit; die wir als Jesus von Nazareth genauer geschildert haben:* Rudolf Steiner bezieht sich hier offensichtlich auf die bei-

den Berliner Vorträge vom 11. und 18. Oktober 1909 in «Die tieferen Geheimnisse des Menschheitswerdens im Lichte der Evangelien», GA 117.

42 *was in den öffentlichen Vorträgen gesagt worden ist zum Beispiel über den Zorn:* Berlin, 21. Oktober 1909 in «Metamorphosen des Seelenlebens», GA 59.

44 *Während meiner langjährigen Erziehertätigkeit:* Im Jahre 1884 begann Rudolf Steiners Tätigkeit als Erzieher im Haus des Baumwollimportkaufmanns Specht. Er betreute die vier Söhne bis ins Jahr 1890. Siehe auch Rudolf Steiner «Mein Lebensgang», GA 28.

Ich habe Kinder gesehen: Rudolf Steiner bezieht sich hier unter anderem auf Hans Specht, den Cousin der ihm im Hause Specht (siehe oben) anvertrauten Kinder. Ausführungen dazu in «Erziehungskunst, Seminarbesprechungen und Lehrplanvorträge», GA 295, S. 92 f.

45 *was über die Mission der Andacht gesagt worden ist:* Vortrag Berlin, 28. Oktober 1909 in «Metamorphosen des Seelenlebens», GA 59.

47 *Goethe-Zitat:* Motto zum 2. Teil von «Dichtung und Wahrheit».

59 *bei einer unserer letzten Betrachtungen:* Berlin, 2. November 1909 in «Die tieferen Geheimnisse des Menschheitswerdens im Lichte der Evangelien», GA 117.

74 *Verkündigung der Zehn Gebote:* Moses, 2. Buch, 20, 1–17.

Vortrag über die Zehn Gebote des Moses, am 16. November 1908: In «Geisteswissenschaftliche Menschenkunde», GA 107.

80 *Tacitus von den Christen:* Publius Cornelius Tacitus, 56 n.Chr. – ca. 120. Einer der grössten römischen Geschichtsschreiber, Redner und Prosaisten. Die hier besprochene Stelle findet sich im Werk «Annalen XV», 44.

86 *sieben Namen hat für die althebräische Geheimlehre diese Persönlichkeit:* siehe die Abhandlung von Dr. R. Faerber, welche sich in der Bibliothek Rudolf Steiners befindet und die auf die Hintergründe dieser Namensgebungen eingeht: R. Faerber, König Salomon in der Tradition. Ein historisch-kritischer Beitrag zur Geschichte der Haggada, der Tannaiten und der Amoräer. Wien, 1902.

102 *Schabbathai Zewi,* 1626–1676. Siehe J. Kastein, «Sabbatai Zewi, der Messias von Ismir», Berlin 1930 und Gershom Scholem, Sab-

batai Zwi. Der mystische Messias, Frankfurt/Main, 1992. Rudolf Steiner erwähnt nicht, daß Sabbatai Zewi nach seiner «Rücktritt» als Messias zum Islam übergetreten ist.

103 *Dann wird es sich zeigen, ob die Theosophen die Theosophie richtig verstanden haben werden:* Diese Bemerkung bezieht sich auf den damals von Annie Besant und C.W. Leadbeater gerade begründeten Orden «Stern des Ostens», der dann den Inderknaben Krishnamurti zum Träger des wiederverkörperten Christus proklamierte, was von Rudolf Steiner abgelehnt werden mußte. Es führte dies im weiteren zu seiner Trennung von der Theosophischen Gesellschaft.

106 *auf dieses Christus-Ereignis werden ... andere folgen:* Näheres darüber findet sich in den Vorträgen des Bandes «Das esoterische Christentum und die geistige Führung der Menschheit», GA 131.

107 Vom 3.–15. Januar 1910 hatte Rudolf Steiner in Stockholm 11 Vorträge über «Das Johannes-Evangelium und die drei anderen Evangelien» gehalten. Während die in Kassel ein halbes Jahr zuvor mit einem ähnlichen Thema («Das Johannes-Evangelium im Verhältnis zu den drei anderen Evangelien»), GA 112, gehaltenen Vorträge von dem erfahrenen Stenografen Walter Vegelahn mitgeschrieben worden waren, haben die von verschiedenen Zuhörern überlieferten Mitschriften der Stockholmer Vorträge eher fragmentarischen Charakter. Im Archiv der Rudolf Steiner Nachlassverwaltung liegen folgende Mitschriften vor: (1) Ausführliche handschriftliche Notizen in zwei Fassungen von Marie Steiner-von Sivers. (2) Eine Mitschrift sämtlicher Vorträge in schwedischer Sprache. (3) Eine Mitschrift einzelner Vorträge in schwedischer Sprache. (4) Mitschriften von drei Vorträgen in deutscher Sprache. Aufgrund dieser für die Herausgeber schwierigen Quellenlage wurde eine Veröffentlichung dieser Vorträge im Rahmen der Gesamtausgabe erst einmal zurückgestellt. Ein Erscheinungstermin kann noch nicht genannt werden, da die Bearbeitung der verschiedenen Mitschriften sehr anspruchsvoll und aufwendig ist.

122 *Im Jahre 1906 während des Kongresses in Paris:* In dem Band «Kosmogonie», GA 94, der die Edouard Schurés Zusammenfassungen der Vorträge in Paris enthält, findet sich eine entsprechende Stelle – allerdings ohne die Erwähnung des Kometarischen – auf Seite 102. Rudolf Steiner kommt am 5. März 1910 in Stuttgart nochmals auf dieses Thema zu sprechen, siehe im Band «Das Ereignis der Christus-Erscheinung in der ätherischen Welt», GA 118, S. 102.

124 *der Halleysche Komet:* Benannt nach dem englischen Physiker und Astronomen Edmund Halley (1656–1742), 1720 königlicher Astronom und Leiter der Sternwarte in Greenwich. Er beobachtete 1682 diesen Kometen, dessen Wiederkehr er für 1759 vorausberechnete, und der 1835 und 1910 erneut in die Erdatmosphäre eintrat. Ausführungen zu den Wirkungen und Aufgaben des Kometen finden sich auch im Band «Das Ereignis der Christus-Erscheinung in der ätherischen Welt», GA 118, S. 106 ff. und S. 136 ff.

125 *die Goethe so verspottet hat in «Dichtung und Wahrheit»:* Im 3. Teil, 11. Buch, Seite 57 der Herausgabe in der Deutschen Nationalliteratur, 100. Bd., Goethes Werke XIX.

Paul Heinrich Dietrich Freiherr von Holbach, 1723–1789, französischer Schriftsteller deutscher Abkunft. Radikaler Materialist und Atheist, der für die von Diderot und d'Alembert herausgegebene *Enyclopédie* unter dem Pseudonym Paul-Henri Thiry d'Holbach 300 Artikel verfasste. Das 1770 erschienene Werk Système de la Nature wurde auf Veranlassung des französischen Parlaments öffentlich verbrannt.

131 *Es wird nun späteren Vorträgen überlassen bleiben müssen ... zurückzukommen auf die Geheimnisse des Matthäus-Evangeliums, um dann hineinzusteigen in die Tiefen des Markus-Evangeliums:* Nur wenige Monate später hielt Rudolf Steiner in Bern einen ganzen Zyklus von Vorträgen über das «Matthäus-Evangelium», GA 123, sowie im Jahre 1912 in Basel über das «Markus-Evangelium», GA 139.

132 *den öffentlichen Vortrag über das menschliche Gewissen: Berlin,* 5. Mai 1910 in «Metamorphosen des Seelenlebens», GA 59.

137 *William Shakespeare,* 1564–1616. Vgl. Vortrag Dornach, 24. Februar 1922 in «Alte und neue Einweihungsmethoden», GA 210.

142 *Leonardo da Vinci,* 1452–1519. *Raffael Santi,* 1483-1520. Vgl. «Kunstgeschichte als Abbild innerer geistiger Impulse», GA 292 (Textband und Bildband).

147 *«Lieber ein Bettler sein in der Oberwelt...»:* Homer, Odyssee, XI. Gesang, Vers 488–491.

148 *Empedokles ... als ich vor einigen Wochen unseren Palermoer Freunden über ihren Empedokles ... dasselbe sagen konnte, was ich Ihnen jetzt sagte:* Mitte April 1910 hielt Rudolf Steiner in Palermo Vorträge (siehe den Vortrag vom 18. April 1910 im Band «Das

Ereignis der Christus-Erscheinung in der ätherischen Welt», GA 118. Von dem Vortrag über Empedokles gibt es keine Nachschrift.

152 *am 8. Mai ... unseren Gedenktag begehen:* Vgl. den folgenden Vortrag, der im Gedenken des Todestages der Gründerin der Theosophischen Gesellschaft, H.P. Blavatsky, die am 8. Mai 1891 gestorben ist, gehalten wurde.

153 *öffentlicher Vortrag am nächsten Donnerstag:* Vgl. den Hinweis zu Seite 132.

155 *H.P. Blavatsky:* Helena Petrowna Blavatsky (Jekaterinoslav, Südrußland 1831–1891 London) gründete mit H.S. Olcott am 17. November 1875 in New York die Theosophische Gesellschaft, die ihr Zentrum bald darauf nach Indien (Adyar/Madras) verlegte. Siehe «Die okkulte Bewegung im 19. Jahrhundert und ihre Beziehung zur Weltkultur», GA 254, sowie «Die Geschichte und die Bedingungen der anthroposophischen Bewegung im Verhältnis zur Anthroposophischen Gesellschaft», GA 258.

159 *Arthur Drews,* 1865–1935. Philosoph und Schüler von Eduard von Hartmann. Er gehörte zu Vertretern der freireligiösen monistischen Bewegung. «Die Christus-Mythe», 1909. Zur Zeit der Vorträge Rudolf Steiners erschien eine verbesserte und erweiterte Auflage (10. und 11. Tsd.) Jena 1910. Siehe 1. Teil: Der christliche Jesus. I. Der paulinische Jesus, und 2. Teil: Das Zeugnis des Paulus. Der Vortrag «Hat Jesus gelebt?» erschien unter dem Titel «Berliner Religionsgespräch. Hat Jesus gelebt? Reden über die Christus-Mythe, gehalten am 31. 1. und 1. 2. 1910 von A. Drews u. a.», Berlin und Leipzig 1910. In der Bibliothek Rudolf Steiners finden sich verschiedene Bücher von Arthur Drews, darunter auch das Werk «Die Christus-Mythe». Näheres zu Arthur Drews im Band in der Gesamtausgabe «Die Anthroposophie und ihre Gegner» 1919–1921», GA 255b.

164 *Paulus-Zitat:* 1. Korinther, 15, 14.

167 *nachdem die theosophische Bewegung bereits dreißig Jahre in der Welt ist:* Vgl. Hinweis zu Seite 155.

171 *H.S. Olcott,* 1832–1907, Mitbegründer der Theosophischen Gesellschaft, vgl. Hinweis zu Seite 155. Rudolf Steiner schildert ihn in seiner Autobiographie als «eine liebenswürdige Persönlichkeit, der man noch ansah, wie sie durch Energie und eine außerordentliche organisatorische Begabung der Blavatsky Genosse sein konnte in der Begründung, Einrichtung und Füh-

rung der Theosophischen Gesellschaft.» (Rudolf Steiner, «Mein Lebensgang», GA 28, S. 427).

172 *in der Zeit um hundert Jahre hinausgeschoben:* siehe dazu den Vortrag vom 23. Oktober 1911 in Berlin in dem Band «Der irdische und kosmische Mensch», GA 133.

175 *in dem letzten öffentlichen Vortrag:* Berlin, 5. Mai 1910 in «Metamorphosen des Seelenlebens», GA 59.

178 *In diesem Sinne die Erkenntnistheorie auf die paulinische Basis zu stellen:* Friedrich Hiebel hat dieses Thema in einem Buch näher ausgearbeitet: Friedrich Hiebel, «Paulus und die Erkenntnislehre der Freiheit», Dornach 1959.

NAMENREGISTER

LITERATURHINWEIS

Zur Weiterführung und Vertiefung der Darstellungen des vorliegenden Bandes sei auf folgende Ausgaben von Rudolf Steiner verwiesen:

(GA = Rudolf Steiner Gesamtausgabe / Tb = Rudolf Steiner Taschenbücher)

Schriften

Die Philosophie der Freiheit. Grundzüge einer modernen Weltanschauung. Seelische Beobachtungsresultate nach naturwissenschaftlicher Methode. GA 4 (Tb 627).

Das Christentum als mystische Tatsache und die Mysterien des Altertums. GA 8 (Tb 619)

Die geistige Führung des Menschen und der Menschheit. GA 15 (Tb 615)

Vorträge

Metamorphosen des Seelenlebens – Pfade der Seelenerlebnisse, Zweiter Teil. GA 59 (Tb 603 und 622)

Kosmogonie. GA 94

Das christliche Mysterium. GA 97

Geisteswissenschaftliche Menschenkunde. GA 107

Anthroposophie – Psychosophie – Pneumatosophie. GA 115

Die tieferen Geheimnisse des Menschheitswerdens im Lichte der Evangelien. GA 117

Das Matthäus-Evangelium. GA 123

Von Jesus zu Christus. GA 131 (Tb 645)

Das Markus-Evangelium. GA 139 (Tb 665)

Alte und neue Einweihungsmethoden. GA 210

BIBLIOGRAPHISCHER NACHWEIS

1. Auflage (Zyklus 17), Berlin 1921

2. Auflage, Dornach 1933, herausgegeben von Marie Steiner

3. Auflage, Gesamtausgabe Dornach 1961, herausgegeben von Ruth Moering und Hella Wiesberger

4., neu durchgesehene Auflage Gesamtausgabe Dornach 1982, herausgegeben von Hella Wiesberger

ZU DEN VERÖFFENTLICHUNGEN AUS DEM VORTRAGSWERK VON RUDOLF STEINER

Rudolf Steiner hat seine Vorträge stets frei, also ohne Manuskript, gehalten. Viele seiner Vorüberlegungen hielt er lediglich in Stichworten, manchmal auch in kurzen Sätzen, Schemata oder Skizzen in seinen Notizbüchern fest, ohne daß er sie weiter schriftlich ausgearbeitet hätte. Nur in ganz wenigen Fällen liegen vorbereitete schriftliche Zusammenfassungen vor, die für Übersetzer bestimmt waren. Er hat jedoch der Veröffentlichung seiner Vorträge zugestimmt, auch wenn er selbst nur einige wenige für den Druck vorbereiten konnte.

Die in der Rudolf Steiner Gesamtausgabe veröffentlichten Vorträge basieren in der Regel auf Übertragungen stenographischer Aufzeichnungen, die während des Vortrags von Zuhörern oder hinzugezogenen Fachstenographen angefertigt wurden. Verschiedentlich – und dies gilt vor allem für die Anfangsjahre seiner Vortragstätigkeit – dienen auch schriftliche Ausarbeitungen durch Zuhörer als Textgrundlage. Für die Drucklegung werden die Übertragungen in Langschrift oder Zuhörernotizen von den Bearbeitern (Herausgebern) einer eingehenden Prüfung unterzogen, insbesondere hinsichtlich Sinn, Satzbau und Genauigkeit der Wiedergabe von Zitaten, Eigennamen oder Fachbegriffen. Bei auftretenden Komplikationen, wie zum Beispiel nicht entschlüsselbaren Satz- und Wortgebilden oder Lücken im Text, werden, soweit vorhanden, die Originalstenogramme zur Abklärung hinzugezogen.

Weitere Angaben, die Besonderheiten der Textgrundlagen, der Bearbeitung sowie die Entstehungsgeschichte der im vorliegenden Band veröffentlichten Vorträge betreffend, befinden sich auf S. 181 f.

Die Herausgeber

RUDOLF STEINER – LEBEN UND WERK

1861–1879 Kindheit und Jugend in Österreich

Am 27. Februar 1861 wird Rudolf Josef Lorenz Steiner als erstes Kind der aus Niederösterreich stammenden Eheleute Franziska und Johann Steiner in Kraljevec (damals Ungarn, heute Kroatien) geboren.

Der Vater arbeitete als Telegraphist, dann als Stationsvorsteher bei der Österreichischen Südbahn, was immer wieder Wohnortwechsel zur Folge hatte: nach Mödling 1862, Pottschach 1863 und Neudörfl im Burgenland 1869. Die Schwester Leopoldine wird 1864, der Bruder Gustav 1866 geboren.

Fasziniert von der Technik, beschäftigte er sich schon als Schüler intensiv mit der Mathematik und Geometrie, galt als begabter Zeichner und entdeckte im Alter von sechzehn Jahren seine Leidenschaft für die Philosophie.

1879 Abitur mit Auszeichnung.

1879–1890 Student, Goethe-Herausgeber, Hauslehrer und Redakteur in Wien

Studium an der Technischen Hochschule 1879–1882. Hauptfächer: Mathematik, Physik, Botanik, Zoologie, Chemie, daneben Studium der Literatur, Geschichte, Philosophie u. a. bei Franz Brentano.

Auf Empfehlung des Literaturhistorikers und Goetheforschers Prof. Karl Julius Schröer Berufung als Herausgeber von Goethes Naturwissenschaftlichen Schriften in Kürschners «Deutsche National-Litteratur».

Abhandlung *Einzig mögliche Kritik der atomistischen Begriffe*. Steiner bezeichnet sie später als den «Grundnerv» seiner Forschungen.

Hauslehrer in der Wiener Kaufmannsfamilie Ladislaus Specht 1884–1890. Dort auch Begegnungen mit dem Hausarzt der Familie, dem berühmten Wiener Internisten Josef Breuer, der als Wegbereiter der Psychoanalyse gilt.

Der erste Band von *Goethes Naturwissenschaftlichen Schriften* erscheint. Die Bände II–IV erscheinen zwischen 1887 und 1897.

Freundschaft mit der Dichterin und späteren Frauenrechtlerin Rosa Mayreder («Kritik der Weiblichkeit») und Friedrich Eckstein (später Sekretär und Biograph Anton Bruckners). Briefwechsel mit dem Philosophen Eduard von Hartmann.

Neben der Arbeit an der Goethe-Ausgabe zahlreiche Artikel für verschiedene Lexika (u. a. in Pierers Konversations-Lexikon) im Auftrag von Prof. Kürschner.

Erste Buchveröffentlichung *Grundlinien einer Erkenntnistheorie der Goetheschen Weltanschauung* 1886.

Anfrage des Weimarer Archivdirektors Erich Schmidt wegen Mitarbeit an der Sophien-Ausgabe von Goethes Werken.

Abhandlung *Die Natur und unsere Ideale.*

Redakteur bei der Wiener «Deutschen Wochenschrift». Zahlreiche Artikel und Kommentare zu politischen Ereignissen in Österreich-Ungarn 1888.

Vortrag im Wiener Goethe-Verein *Goethe als Vater einer neuen Ästhetik* 1888.

1890–1897 Goethe-Herausgeber und Nietzsche-Forscher in Weimar

Mitarbeiter am Goethe- und Schiller-Archiv. Herausgabe einiger Abteilungen der Naturwissenschaftlichen Schriften Goethes im Rahmen der *Sophien-Ausgabe,* die zwischen 1891 und 1896 erscheinen.

Begegnungen mit Herman Grimm, Ernst Haeckel und Eduard von Hartmann, Freundschaft mit der Dichterin Gabriele Reuter, dem Liszt-Schüler Conrad Ansorge, dem Stirner-Biographen John Henry Mackay und dem Nietzsche-Herausgeber Fritz Koegel.

Für die «Cotta'sche Bibliothek der Weltliteratur» besorgt Rudolf Steiner eine zwölfbändige Ausgabe sämtlicher Werke Schopenhauers sowie eine Jean-Paul-Ausgabe in acht Bänden. In der Reihe «Berliner Klassiker Ausgaben» (mit «Einleitungen namhafter Literaturhistoriker») erscheinen die Werke Wielands und Uhlands, herausgegeben und eingeleitet von Rudolf Steiner.

Promotion zum Dr. phil. an der Universität Rostock bei Prof. Heinrich von Stein mit einer Arbeit über «Die Grundfrage der Erkenntnistheorie mit besonderer Rücksicht auf Fichtes Wissenschaftslehre. Prolegomena zur Verständigung des philosophierenden Bewußtseins mit sich selbst», sie erscheint 1892 unter dem Titel *Wahrheit und Wissenschaft. Vorspiel einer Philosophie der Freiheit,* Eduard von Hartmann gewidmet.

Im Herbst 1893 erscheint sein philosophisches Hauptwerk *Die Philosophie der Freiheit.*

Besuche und Arbeitsaufenthalte im Nietzsche-Archiv in Naumburg. Bekanntschaft mit Elisabeth Förster-Nietzsche, die Steiner als Mitherausgeber der Werke ihres Bruders gewinnen will. Begegnung mit dem kranken Friedrich Nietzsche. 1895 erscheint Steiners Nietzsche-Monographie *Friedrich Nietzsche, ein Kämpfer gegen seine Zeit.*

Eine zusammenfassende Darstellung seiner bisherigen Goethe-Studien gibt Rudolf Steiner in seinem Buch *Goethes Weltanschauung 1897.*

1897–1905 Redakteur, Lehrer, Vortragender und Publizist in Berlin

Herausgeber und Redakteur des «Magazin für Litteratur» und der «Dramaturgischen Blätter», dem offiziellen Organ des Deutschen Bühnenvereins 1897–1900. Dort und in anderen Zeitungen erscheinen zahlreiche Aufsätze zu literarischen und philosophischen Fragen sowie Theaterkritiken und Buchbesprechungen.

Vorträge in der «Freien Literarischen Gesellschaft», im «Giordano Bruno-Bund» und im Literatenkreis «Die Kommenden». Begegnungen mit Else Lasker-Schüler, Peter Hille, Stefan Zweig, Käthe Kollwitz, Erich Mühsam, Paul Scheerbart, Frank Wedekind sowie mit den «Friedrichshagenern». Freundschaft mit Ludwig Jacobowski und Otto Erich Hartleben.

Eheschließung mit Anna Eunike 1899; sie stirbt 1911.

Lehrtätigkeit an der von Wilhelm Liebknecht begründeten Arbeiterbildungsschule in Berlin, ab 1902 auch in Spandau. Unterrichtsfächer: Geschichte, Redeübungen, Literatur, Naturwissenschaft 1899–1904. Begegnung mit Kurt Eisner und Rosa Luxemburg.

Der erste Band *Welt- und Lebensanschauungen im neunzehnten Jahrhundert* erscheint; ein Jahr später folgt der zweite 1900/1901. Überarbeitet und erweitert erscheint dieses Werk 1914 unter dem Titel *Die Rätsel der Philosophie.*

Festrede anläßlich des 500 jährigen Gutenberg-Jubiläums vor 7000 Setzern und Druckern in einem Berliner Zirkus.

Im Herbst 1900 Vorträge in der Theosophischen Bibliothek: über Nietzsche, Goethes «Märchen» und die Mystik und ihr Verhältnis zur Gegenwart.

Erste Begegnung mit Marie von Sivers 1900, die ab 1902 engste Mitarbeiterin Rudolf Steiners wird. Sie hatte zuvor eine Ausbildung in Rezitationskunst am Pariser Konservatorium und in dramatischer Kunst in Petersburg absolviert. Übersetzerin mehrerer Werke von Edouard Schuré.

Es erscheint *Die Mystik im Aufgange des neuzeitlichen Geisteslebens und ihr Verhältnis zu modernen Weltanschauungen.* – Auch der zweite, 1901/02 in der Theosophischen Bibliothek gehaltene Vortragszyklus erscheint überarbeitet in Buchform unter dem Titel *Das Christentum als mystische Tatsache.*

Rudolf Steiner wird Mitglied der 1875 von Helena Petrowna Blavatsky und Henry Steel Olcott begründeten *Theosophischen Gesellschaft* und ab Oktober 1902 Generalsekretär der Deutschen Sektion der Theosophischen Gesellschaft. Begegnung mit Annie Besant.

Lehrtätigkeit an der von den «Friedrichshagenern» Bruno Wille und Wilhelm Bölsche gegründeten Freien Hochschule 1902–1904.

1902–1912 Von der Theosophie zur Anthroposophie. Vortragsreisen im In- und Ausland

Zusammen mit Marie von Sivers Aufbau theosophischer Logen im In- und Ausland. Rege Vortragstätigkeit sowohl öffentlich als auch im Kreise der Mitglieder der Theosophischen Gesellschaft. Ab 1904 Einrichtung einer Esoterischen Schule.

Begründung, Herausgabe und Redaktion der Monatsschrift «Luzifer», später «Lucifer-Gnosis» (1903). Dort erscheinen grundlegende Aufsatzfolgen, darunter *Wie erlangt man Erkenntnisse der höheren Welten?/Aus der Akasha-Chronik/Theosophie und soziale Frage/Die Erziehung des Kindes/Die Stufen der höheren Erkenntnis.* – Sie erscheinen später auch in Buchform.

Freundschaft mit Christian Morgenstern und Edouard Schuré. Begegnung mit Wassily Kandinsky 1908.

Jeweils im Winterhalbjahr – ab 1903/04 – öffentliche Vortragsreihen im Berliner Architektenhaus, u. a. über: *Ursprung und Ziel des Menschen/Metamorphosen des Seelenlebens/Antworten der Geisteswissenschaft auf die großen Fragen des Daseins.*

Es erscheint das Grundlagenwerk *Theosophie. Einführung in übersinnliche Welterkenntnis und Menschenbestimmung* 1904.

Vorträge in Paris, Budapest, Holland, Skandinavien, Italien und in verschiedenen Städten Deutschlands und der Schweiz. Inszenierung von Dramen Edouard Schurés in München.

Veröffentlichung seiner Forschungsergebnisse zu kosmologischen und evolutionsgeschichtlichen Fragen in *Die Geheimwissenschaft im Umriß* 1910.

Uraufführungen seiner vier *Mysteriendramen* unter seiner Leitung in München 1910–1913.

Entwurf eines Gebäudes für Theateraufführungen und Vorträge. Die Realisierung dieses Projektes in München-Schwabing scheitert am Widerstand einiger Anlieger und der Behörden.

Es erscheinen *Die geistige Führung des Menschen und der Menschheit/Ein Weg zur Selbsterkenntnis des Menschen/Die Schwelle der geistigen Welt.* Das 1910 begonnene Werk *Anthroposophie* bleibt unvollendet. Intensive Studien zur Sinneslehre.

In Köln 1911 Begegnung mit dem russischen Schriftsteller Andrej Belyj («Petersburg»), die Belyjs Leben und Werk nachhaltig prägen sollte. In Prag Begegnung mit Franz Kafka, Max Brod und Hugo Bergmann.

Beginn der Entwicklung einer neuen Bewegungskunst «Eurythmie» 1911.

1912–1918 Gründung der Anthroposophischen Gesellschaft. Architekt, Künstler und Vortragender

Trennung von der Theosophischen Gesellschaft und Gründung der Anthroposopischen Gesellschaft 1912/13.Aufbau anthroposophischer Zweige im In- und Ausland.

Vorträge in verschiedenen Städten des In- und Auslandes über Reinkarnation und Karma / Evangelien / Leben zwischen Tod und neuer Geburt / Mysterien-Geschichte / Sinneslehre / Evolutionsgeschichte u. a.

Unter seiner Leitung und der Mitarbeit zahlreicher Künstler aus verschiedenen Ländern Errichtung des für Theater- und Eurythmieaufführungen sowie Vorträge von ihm entworfenen *Goetheanum* in Dornach/Schweiz 1913 – 1919, ein plastisch-organisch in Holz gestalteter Doppelkuppelbau. Künstlerische Arbeiten Steiners: Plastische Innen- und Außengestaltung (Entwürfe), Deckenmalereien (Entwürfe und teilweise Ausführung), Glasfenster (Entwürfe für die Motive), Holz-Skulptur (9 m hoch) «Der Menschheitsrepräsentant» (Entwürfe und teilweise Ausführung).

Eheschließung mit Marie von Sivers 1914.

Im Umkreis des *Goetheanum* entsteht auf dem Dornacher Hügel nach und nach ein einzigartiges Ensemble von Wohn- und Zweckbauten nach Entwürfen Rudolf Steiners: Glashaus, Heizhaus, Haus Duldeck, Transformatorenhaus, Haus van Blommestein; Anfang der zwanziger Jahre Haus Vreede (in Arlesheim), drei Eurythmiehäuser, Haus de Jaager (Atelier u. Wohnhaus), Eurythmeum (Anbau an ein bestehendes Wohnhaus), Verlagshaus, Haus Wegman (Arlesheim), Haus Schuurman. In Stuttgart die Eurythmieschule (im 2. Weltkrieg zerstört).

Zahlreiche Vorträge über Kunst, Architektur, Zeitgeschichte und Geisteswissenschaft im In- und Ausland.

Unter dem Titel *Von Seelenrätseln* erscheinen Steiners Forschungsergebnisse über die Dreigliederung des menschlichen Organismus (Nerven-Sinnessystem, Rhythmisches System, Stoffwechsel-Gliedmaßensystem) und Ausführungen über das Verhältnis Anthropologie und Anthroposophie 1917.

1917–1923 Sozialreformer, Schulgründer und Publizist

Nach Gesprächen mit dem Politiker Otto Graf Lerchenfeld über die Situation Mitteleuropas entstehen zwei Memoranden, in denen Steiner Perspektiven für eine soziale Neugestaltung des öffentlichen Lebens entwickelt. Diese werden an einflußreiche politische Persönlichkeiten in Deutschland (Kühlmann, Prinz Max von Baden) und Österreich (Kaiser Karl) vermittelt 1917.

Eine in Zürich gehaltene Vortragsreihe über «Die soziale Frage» erscheint überarbeitet im April als Buch unter dem Titel *Die Kernpunkte der sozialen Frage in den Lebensnotwendigkeiten der Gegenwart und Zukunft* 1919. Leitgedanke ist die «Dreigliederung des sozialen Organismus», d. h. die Entflechtung des Einheitsstaates in ein freies Geistesleben, ein demokratisches Rechtsleben und ein assoziatives Wirtschaftsleben.

In Vorträgen und zahlreichen Besprechungen mit Vertretern der Arbeiterschaft wie auch mit Industriellen im Großraum Stuttgart engagiert sich Steiner für die Begründung von Betriebsräten.

Nach intensiven Vorbereitungen wird im Herbst 1919 in Stuttgart die Freie Waldorfschule als einheitliche Volks- und Höhere Schule eröffnet. Die Schirmherrschaft liegt in den Händen des Direktors der Waldorf-Astoria-Zigarettenfabrik, Emil Molt, ein Schulfreund von Herrmann

Hesse. Die Leitung wird Rudolf Steiner übertragen, der diese bis zu seinem Tod 1925 innehat. – In pädagogischen Kursen werden die Lehrer geschult.

Am 24. Februar 1919 erste öffentliche Eurythmieaufführung unter der Leitung von Marie Steiner im Pfauentheater in Zürich.

1920–1925 Vortragender, Künstler und Impulsgeber

Zahlreiche öffentliche Vorträge in Deutschland und im Ausland sowie Vortragszyklen für Mitglieder der Anthroposophischen Gesellschaft, u. a. *Entsprechungen zwischen Mikrokosmos und Makrokosmos / Anthroposophie als Kosmosophie / Der Mensch als Zusammenklang des schaffenden, bildenden und gestaltenden Weltenwortes / Esoterische Betrachtungen karmischer Zusammenhänge.* Daneben wird Steiner immer häufiger gebeten, Vorträge und Kurse über fachspezifische Themen zu halten: über Pädagogik, Medizin, Theologie, Nationalökonomie, Landwirtschaft (= Begründung der Biologisch-Dynamischen Landwirtschaft), Physik, Schauspielkunst, Heilpädagogik u. a. – In Wien 1922 Ost-West-Kongreß, an dem Steiner Hauptvortragender ist.

Als Schulungsgrundlage für Maler schafft er eine Folge von Pastellskizzen und Aquarellbildern *(Naturstimmungen, Friedwartskizzen).* Zahlreiche graphische Entwürfe für Buchumschläge, Plakate, Programme, Briefbögen, Verpackungen von Heilmitteln und Kosmetika.

Zahlreiche Eurythmieaufführungen an verschiedenen Theatern in Deutschland und im Ausland, die Rudolf Steiner häufig mit einem kurzen Vortrag über die Grundaspekte dieser neuen Bewegungskunst einleitet.

Unter Mitwirkung von Rudolf Steiner im Herbst 1922 Gründung der «Bewegung für religiöse Erneuerung» (Die Christengemeinschaft).

Anthroposophische Forschungsinstitute, Kliniken und weitere Schulen entstehen. Gründung der *Weleda AG,* ein heute weltweit arbeitendes Unternehmen zur Herstellung von Heilmitteln und Kosmetika.

In den Zeitschriften «Dreigliederung des sozialen Organismus» und «Das Goetheanum» erscheinen regelmäßig Aufsätze Steiners.

In der Silvesternacht 1922/23 wird das Goetheanum durch Feuer zerstört. Die Arbeit – künstlerische Veranstaltungen und Vorträge – wird in der Schreinerei in unmittelbarer Nähe der Brandruine unvermindert fortgeführt. Für einen zweiten, in Beton gestalteten Goetheanum-Bau (Fertigstellung 1928) kann Rudolf Steiner infolge seiner Erkrankung im Herbst 1924 nur noch ein Außenmodell schaffen.

Angesichts des Wachstums der anthroposophischen Bewegung im In- und Ausland kommt es Weihnachten 1923 in Dornach zu einer Neukonstituierung der Anthroposophischen Gesellschaft, deren Vorsitz Rudolf Steiner übernimmt, sowie zu einer Neugestaltung der Freien Hochschule für Geisteswissenschaft, ebenfalls unter seiner Leitung. Die Hochschule wird gegliedert in drei Klassen, in denen eine vertiefte esoterische Arbeit angestrebt wird, sowie in Fachsektionen für Medizin, Schöne Wissenschaften, Bildende Künste, Redende und musikalische Künste, für das Geistesstreben der Jugend, Mathematik und Astronomie, Naturwissenschaften, Pädagogik und Anthroposophie.

Im Herbst 1924 Beginn des Krankenlagers. Die immens angewachsene Vortrags- und Kurstätigkeit bricht jäh ab.

Während des Krankenlagers Fortsetzung der Niederschrift seiner Autobiographie *Mein Lebensgang* und in Zusammenarbeit mit der Ärztin Ita Wegman des posthum erschienenen Buches *Grundlegendes für eine Erweiterung der Heilkunst.*

Am 30. März 1925 stirbt Rudolf Steiner in Dornach bei Basel. Sein Grab befindet sich auf dem Goetheanumgelände in Dornach, wo auch Christian Morgensterns Urne beigesetzt ist.

RUDOLF STEINER GESAMTAUSGABE

Überblick über das literarische und künstlerische Werk

Erste Abteilung: Die Schriften

I. Werke

Goethes Naturwissenschaftliche Schriften, eingeleitet und kommentiert von Rudolf Steiner, 5 Bände, Nachdruck Dornach 1975 (GA 1a–e); separate Ausgabe der Einleitungen (GA 1)

Grundlinien einer Erkenntnistheorie der Goetheschen Weltanschauung (GA 2)

Wahrheit und Wissenschaft. Vorspiel einer «Philosophie der Freiheit» (GA 3)

Die Philosophie der Freiheit (GA 4)

Friedrich Nietzsche, ein Kämpfer gegen seine Zeit (GA 5)

Goethes Weltanschauung (GA 6)

Die Mystik im Aufgange des neuzeitlichen Geisteslebens und ihr Verhältnis zur modernen Weltanschauung (GA 7)

Das Christentum als mystische Tatsache und die Mysterien des Altertums (GA 8)

Theosophie. Einführung in übersinnliche Welterkenntnis und Menschenbestimmung (GA 9)

Wie erlangt man Erkenntnisse der höheren Welten? (GA 10)

Aus der Akasha-Chronik (GA 11)

Die Stufen der höheren Erkenntnis (GA 12)

Die Geheimwissenschaft im Umriß (GA 13)

Vier Mysteriendramen: Die Pforte der Einweihung – Die Prüfung der Seele – Der Hüter der Schwelle – Der Seelen Erwachen (GA 14)

Die geistige Führung des Menschen und der Menschheit (GA 15)

Anthroposophischer Seelenkalender (in GA 40)

Ein Weg zur Selbsterkenntnis des Menschen (GA 16)

Die Schwelle der geistigen Welt (GA 17)

Die Rätsel der Philosophie in ihrer Geschichte als Umriß dargestellt (GA 18)

Vom Menschenrätsel (GA 20)

Von Seelenrätseln (GA 21)

Goethes Geistesart in ihrer Offenbarung durch seinen «Faust» und durch das «Märchen von der Schlange und der Lilie» (GA 22)

Die Kernpunkte der Sozialen Frage in den Lebensnotwendigkeiten der Gegenwart und Zukunft (GA 23)

Aufsätze über die Dreigliederung des sozialen Organismus und zur Zeitlage 1915–1921 (GA 24)

Drei Schritte der Anthroposophie: Philosophie, Kosmologie, Religion (GA 25)

Anthroposophische Leitsätze (GA 26)

Grundlegendes für eine Erweiterung der Heilkunst nach geisteswissenschaftlichen Erkenntnissen. Von Dr. Rudolf Steiner und Dr. Ita Wegman (GA 27)

Mein Lebensgang (GA 28)

II. Gesammelte Aufsätze

Gesammelte Aufsätze zur Dramaturgie 1889–1900 (GA 29)

Methodische Grundlagen der Anthroposophie. Gesammelte Aufsätze zur Philosophie, Naturwissenschaft, Ästhetik und Seelenkunde 1884–1901 (GA 30)

Gesammelte Aufsätze zur Kultur- und Zeitgeschichte 1897–1901 (GA 31)

Gesammelte Aufsätze zur Literatur 1886–1902 (GA 32)

Biographien und biographische Skizzen 1894–1905 (GA 33)

Lucifer-Gnosis. Grundlegende Aufsätze zur Anthroposophie und Berichte aus den Zeitschriften «Luzifer» und «Lucifer-Gnosis» 1903–1908 (GA 34)

Philosophie und Anthroposophie. Gesammelte Aufsätze 1904–1918 (GA 35)

Der Goetheanumgedanke inmitten der Kulturkrisis der Gegenwart. Gesammelte Aufsätze aus der Wochenschrift «Das Goetheanum» 1921–1925 (GA 36)

III. Veröffentlichungen aus dem Nachlass

Briefe – Wahrspruchworte – Bühnenbearbeitungen – Entwürfe zu den vier Mysteriendramen 1910–1913 – Anthroposophie. Ein Fragment aus dem Jahre 1910 – Gesammelte Skizzen und Fragmente – Aus Notizbüchern und -blättern (GA 38–47)

Zweite Abteilung: Das Vortragswerk

I. Öffentliche Vorträge

Die öffentlichen Berliner Vortragsreihen (Architektenhaus-Vorträge) 1903/04–1917/18 (GA 51–67)

Öffentliche Vorträge, Vortragsreihen und Hochschulkurse an andern Orten Europas 1906–1924 (GA 68–84)

II. Vorträge vor Mitgliedern der Anthroposophischen Gesellschaft

Vorträge und Vortragszyklen allgemein-anthroposophischen Inhalts – Evangelien-Betrachtungen – Christologie – Geisteswissenschaftliche Menschenkunde – Kosmische und menschliche Geschichte – Die geistigen Hintergründe der sozialen Frage – Der Mensch in seinem Zusammenhang mit dem Kosmos – Karma-Betrachtungen (GA 91–244)

Vorträge und Schriften zur Geschichte der anthroposophischen Bewegung und der Anthroposophischen Gesellschaft (GA 251–263)

Veröffentlichungen zur Geschichte und aus den Inhalten der esoterischen Lehrtätigkeit (GA 264–270)

III. Vorträge und Kurse zu einzelnen Lebensgebieten

Vorträge über Kunst: Allgemein-Künstlerisches – Eurythmie – Sprachgestaltung und Dramatische Kunst – Musik – Bildende Künste – Kunstgeschichte (GA 271–292)

Vorträge über Erziehung (GA 293–311)

Vorträge über Medizin (GA 312–319)

Vorträge über Naturwissenschaft (GA 320–327)

Vorträge über das soziale Leben und die Dreigliederung des sozialen Organismus (GA 328–341)

Vorträge und Kurse über christlich-religiöses Wirken (GA 342–346)

Vorträge für die Arbeiter am Goetheanumbau (GA 347–354)

Dritte Abteilung: Das künstlerische Werk

Reproduktionen und Veröffentlichungen aus dem künstlerischen Nachlaß

Originalgetreue Wiedergaben von malerischen und graphischen Entwürfen und Skizzen Rudolf Steiners in Kunstmappen, als Einzelblätter oder in Buchform: Entwürfe für die Malerei des Ersten Goetheanum – Entwürfe für die Fenster des Ersten Goetheanum – Schulungsskizzen für Maler – Programmbilder für Eurythmie-Aufführungen – Eurythmieformen – Entwürfe zu den Eurythmiefiguren – Wandtafelzeichnungen aus dem Vortragswerk u. a.

Die Bände der Rudolf Steiner Gesamtausgabe sind innerhalb einzelner Gruppen einheitlich ausgestattet. Jeder Band ist einzeln erhältlich. Ausführliche Verzeichnisse können beim Verlag angefordert werden:

Rudolf Steiner Verlag AG, Im Ackermannshof, St. Johanns-Vorstadt 19–21, CH-4056 Basel
verlag@steinerverlag.com, www.steinerverlag.com